Pedagogia e ambientes não escolares

SÉRIE GESTÃO EDUCACIONAL

Aline Lemos da Cunha
Elaine de Santa Helena
Graziela Rossetto Giron
José Geraldo Soares Damico
Karen Selbach Borges
Laíno Alberto Schneider
Maria de Lourdes Borges
Taís Schmitz

Pedagogia e ambientes não escolares

Rua Clara Vendramin, 58 . Mossunguê
CEP 81200-170 . Curitiba . PR . Brasil
Fone: (41) 2106-4170
www.intersaberes.com
editora@editoraintersaberes.com.br

EDITORA intersaberes

Conselho editorial
Dr. Ivo José Both (presidente)
Drª. Elena Godoy
Dr. Neri dos Santos
Dr. Ulf Gregor Baranow

Editora-chefe
Lindsay Azambuja

Supervisora editorial
Ariadne Nunes Wenger

Analista editorial
Ariel Martins

Projeto gráfico
Raphael Bernadelli

Capa/Fotografia da capa
Clarissa Martinez Menini

1ª edição, 2013.
Foi feito o depósito legal.

Informamos que é de inteira responsabilidade dos autores a emissão de conceitos.

Nenhuma parte desta publicação poderá ser reproduzida por qualquer meio ou forma sem a prévia autorização da Editora InterSaberes.

A violação dos direitos autorais é crime estabelecido na Lei nº 9.610/1998 e punido pelo art. 184 do Código Penal.

Dados Internacionais de Catalogação na Publicação (CIP)
(Câmara Brasileira do Livro, SP, Brasil)

Pedagogia e ambientes não escolares. – Curitiba: InterSaberes, 2013. – (Série Gestão Educacional).

Vários autores
Bibliografia.
ISBN 978-85-8212-491-8

1. Educação – Finalidades e objetivos 2. Pedagogia I. Título. II. Série.

12-09011   CDD-371.2

Índices para catálogo sistemático:
1. Educação: Gestão 371.2
2. Gestão educacional 371.2
3. Gestão dos sistemas de ensino: Educação 371.2

Duvidamos suficientemente do passado para imaginarmos o futuro, mas vivemos demasiadamente o presente para podermos realizar nele o futuro. Estamos divididos, fragmentados. Sabemo-nos a caminho, mas não exatamente onde estamos na jornada. [...] Afinal, se todo o conhecimento é autoconhecimento, também todo o desconhecimento é autoconhecimento.

– Santos, 2005, p. 92.

Sumário

Apresentação, XI

(1) O pedagogo e a educação contemporânea: muitos desafios, 13

    1.1   O pedagogo e a sua identidade, 16

    1.2   A educação brasileira em questão, 20

(2) Repensando a educação e a pedagogia no Brasil: limites, tensionamentos e possibilidades, 27

    2.1   Globalização e neoliberalismo: afinal, como isso interfere na educação?, 30

    2.2   (Re)pensando a educação, a escola e a pedagogia no Brasil, 33

(3) Pedagogia sociocultural, 39
    3.1 Paradigmas epistemológicos, 44
    3.2 Os ambientes educacionais, 46
    3.3 Diversidade cultural, 48
    3.4 A aprendizagem e o fator sociocultural, 54

(4) Intervenção pedagógica em ambientes (não) escolares, 57
    4.1 Para começo de conversa..., 60
    4.2 O ensino e a construção do conhecimento, 62
    4.3 Diferentes abordagens do processo de ensino-aprendizagem, 65
    4.4 Como ensinar: um desafio ou muitos desafios?, 68

(5) A expansão do terceiro setor: um caminho sem volta?, 77
    5.1 O terceiro setor como possibilidade, 80
    5.2 Pedagogo para quê?, 82

(6) Pedagogia: a educação para e no trabalho, 87
    6.1 Educação popular e educação não formal, 91
    6.2 Alfabetização de adultos, 97

(7) Pedagogia na empresa, 105
    7.1 Mapeando os espaços educativos, 111

(8) O trabalho pedagógico em ambientes de promoção da saúde, 117
    8.1 Saúde como algo a ser consumido, 121
    8.2 Bases conceituais, 126

(9) A sociedade do conhecimento e da tecnologia, 131
    9.1 As três ondas de mudança: um breve entendimento histórico, 134
    9.2 Sociedade do conhecimento e da educação, 142
    9.3 O contexto da mudança: o sistema em rede, 146

(10) Tecnologia nas instituições não escolares, 151

    10.1   Inclusão digital: um sonho viável?, 155

    10.2   Telecentros, 158

    10.3   O profissional de pedagogia no contexto dos telecentros, 162

Considerações finais, 167

Referências, 171

Apresentação

Este livro é, antes de tudo, uma obra humana em que dois grandes movimentos ocorreram simultaneamente: o movimento do processo de construção de parcerias e o movimento da exposição por meio da escrita.

Dividida em dez capítulos, esta coletânea de textos tem por objetivo levantar uma discussão sobre a pedagogia, seus conceitos, suas dimensões e suas implicações sociopolíticas em ambientes não escolares, perpassando, no entanto, os espaços formais. Busca-se, dessa forma, abordar princípios e práticas pedagógicos tendo em vista a ação e o papel do pedagogo em instituições e espaços socioeducativos, como, por exemplo, ambientes empresariais, de promoção da saúde e da melhoria de qualidade de vida e/ou grupos específicos de rua.

Convidamos a todos vocês a caminhar conosco nessa tentativa de estabelecer relações entre a teoria e a práxis, buscando fomentar um diálogo com as diferentes perspectivas dos autores que escreveram esta obra!

Desejamos um bom estudo e que este seja mais um momento de aprendizagem, interação e crescimento!

(1)

O pedagogo e a educação contemporânea: muitos desafios

Taís Schmitz é mestre em Educação (2007) pela Universidade do Vale do Rio dos Sinos (Unisinos), possui especialização em Gestão Escolar (2004) pela Universidade Castelo Branco (UCB) e graduação em Pedagogia (2002) pelo Centro Universitário La Salle (Unilasalle). Tem experiência na área da educação, com ênfase em gestão e educação, políticas educacionais e formação docente.

Taís Schmitz

O presente capítulo pretende promover um diálogo com você, leitor, sobre a profissão de pedagogo e os diferentes desafios no tocante à educação na contemporaneidade. Vivemos hoje um conflito: a educação que temos não consegue dar conta dos questionamentos do século XXI, e ainda não avançamos o suficiente para encontrarmos respostas às nossas dúvidas; dessa forma, estamos submersos num terreno pantanoso.

A encruzilhada do presente, que nos coloca em trânsito em relação aos paradigmas estruturadores da modernidade, tem nos estimulado a pensar na educação que não queremos e nos levado a ações afirmativas acerca das possibilidades de rompermos com o modelo hegemônico de ser humano, sociedade e educação.

Nesse contexto, ficamos a refletir: Como modificar as estruturas simbólicas e reais sobre as quais construímos nossa inserção social, nossa intervenção cotidiana no mundo e nossa ação nos espaços educativos que povoamos, sejam eles formais, sejam eles informais? Seguramente, não há receitas milagrosas para essa reestruturação. Trata-se de uma operação complexa, permanente, coletiva, **cotidiana, que exige um esforço reflexivo sobre a vida e seu sentido, sobre a educação e o papel do pedagogo na direção do (re)encantamento do mundo.**

(1.1)
O pedagogo e a sua identidade

Consideramos que as identidades vão se formando como resultado de uma experiência de OPOSIÇÃO e APROXIMAÇÃO, à medida que os pedagogos se reconhecem pertencentes a determinado grupo. Na sociedade, fazemos parte de vários grupos, com uma certa continuidade, mesmo que transitória, nos quais o

> *"eu" se constitui pela diferença e semelhança com os "outros" dos grupos de pertença e não pertença. Este processo de alteridade/identidade é dinâmico e ocorre tanto negando, como incorporando, reelaborando e articulando elementos*

de significação do polo chamado de "eu-nós", como daquele denominado "eles". (Castelo Branco, 2004, p. 40)

Para Castelo Branco (2004), quando se fala em *identidades*, deve ser considerado que nem tudo que cada indivíduo ou grupo considera "ser" é imediatamente possível de ser dito, e mais ninguém "é" de forma estável e plenamente definível se forem considerados o dinamismo da vida e a característica do "ser" humano, o qual só se constitui nas relações com o outro. Hoje, o "eu" participa de diversos grupos, entremeando diferentes identificações, e não há um "eu" e um "nós" idênticos a "si mesmos" ininterruptamente. Há indivíduos e grupos "sendo".

É preciso apreender o movimento das identidades, pois "viver é (se) representar, mas também transgredir as representações. Falar é designar o objeto ausente, passar da distância à ausência preenchida pelas representações. Pensar é representar, mas também superar as representações" (Castelo Branco, 2004, p. 41).

Arroyo (2000, p. 36) também nos alerta para o fato de que nem tudo o que somos nos pertence: "Somos o que resultamos de tudo. Quanto fui, quanto não fui. Tudo isso sou". Portanto, a identidade se processa diferentemente em cada momento da vida, e sua construção não pode ser repartida em etapas universalmente concebidas para o desenvolvimento humano, que não é só biológico, mas também histórico-social.

Dessa forma, é preciso perceber que as representações sociais do pedagogo colocam sobre ele determinados OLHARES os quais vão interferir na sua forma de se representar e de se articular com a vida, com o presente e com o futuro. No contexto das relações sociais, é importante considerar que, no atual momento de expansão do capitalismo, ao qual chamamos de *globalização* na dita Modernidade, a própria formação do pedagogo necessita ser pensada e repensada, em face das mudanças que estão ocorrendo no campo da educação.

Sobre isso, Goergen (2008) diz que

> *a modernidade é um longo processo de liquefação da solidez característica dos tempos pré-modernos.*
>
> *O que a modernidade se propõe é substituir os "sólidos" tradicionais por novos "sólidos", mais confiáveis, previsíveis e administráveis segundo critérios racionais. O que de fato ocorreu [...] foi que, ao longo dos tempos modernos, os sólidos se derreteram, ou seja, aqueles conceitos centrais como emancipação, individualidade, tempo/espaço, trabalho e comunidade que deveriam constituir o chão firme dos novos tempos perderam sua rigidez. [...]. [Assim, podemos] evidenciar como a educação continua presa a uma suposta solidez dessas categorias [espaço/tempo, formal/informal] que, na verdade, já não existe. Com isso, a escola assume características de uma instituição anacrônica e atópica, [...] [justificando, assim,] que o tempo e o espaço da escola continuam modernos, em evidente descompasso com a espacialidade e a temporalidade contemporâneas.*

As perguntas que nos fazemos são: O que a modernidade deixa para trás? Quais são os SÓLIDOS que não são mais sólidos? O que o futuro nos reserva? O que caracteriza a contemporaneidade, que uns chamam de *segunda modernidade* e outros de *pós-modernidade*? E o pedagogo, qual o seu espaço de atuação?

Na Modernidade, a velocidade da luz foi o objetivo a ser atingido, que o homem ainda se esforça por alcançar (Goergen, 2008). "O que caracteriza a contemporaneidade [...] é a capacidade de mover-se em velocidade eletrônica. O poder se desvencilha da resistência do espaço. Através do uso de meios eletrônicos, [...] reduz-se a distância entre o próximo e o longínquo" (Goergen, 2008). Todas essas mudanças não se restringem a espaços já conquistados, mas dia a dia invadem, sem pedir licença, setores da vida humana, redefinindo a cultura, a convivência e as formas de ser e de pensar, fazendo novas profissões surgirem e outras desaparecerem. Seria possível a educação não ser afetada por essas mudanças?

O exercício de se olhar não como um único pedagogo, mas como diferentes pedagogos e protagonistas de um tempo de possibilidades, é um grande desafio para esse profissional. Na visão de Arroyo, citado por Corsetti e Garcia (2008), "poderíamos dizer que nossa tarefa é fazer com que os sujeitos 'possam ser' e que a tarefa da educação é captar como os sujeitos se movimentam, tentam e superam as condições que os proíbem de ser, como percebem e se contrapõem às situações e às condições em que realizam sua existência".

A respeito da construção da identidade do pedagogo, cremos que é o processo de formação continuada, e não apenas a formação à que a legislação obriga, que vem se constituindo como um *locus* privilegiado, no qual os saberes se entrelaçam e ganham significação. O pedagogo necessita ser um profissional mutante, capaz de vislumbrar diferentes formas de atuação, de acordo com o contexto no qual está inserido.

(1.2)
A educação brasileira em questão

Os caminhos da educação hoje ainda estão pautados pelo modelo neoliberal, que privilegia o MERCADO e as necessidades do capital, no qual os sujeitos encontram-se aprisionados e reproduzem as relações sociais, e que dissemina valores como competitividade e individualidade, aligeiramento e rapidez na qualificação profissional, fragmentação, espaços diferenciados de formação e uma formação voltada para competências e para a resolução de problemas que auxiliam no processo de exclusão deflagrado em nossa sociedade.

Segundo Mendonça (2001),

> *A educação brasileira experimentou uma democratização tardia. Criada e cevada para servir à elite, chegou ao fim do século XX empunhando bandeiras há muito superadas em países de tradição democrática. As influências liberais, que por aqui aportaram, adaptaram-se aos interesses de grupos, dando origem a uma forma especial de liberalismo calcado mais nesses agregados sociais que no povo. A cultura política autoritária predominou, intercalada por espasmos de democracia. Nesse quadro, a educação pública foi se desenvolvendo, gerenciada por um Estado tutelador.*

A dita democratização da educação brasileira passou por diferentes etapas, num processo que se iniciou com o direito universal ao acesso à educação e, posteriormente, com o direito a um ensino de qualidade, que compreendiam a participação democrática na gestão das escolas e dos sistemas de ensino.

Segundo Severino, citado por Silva (2007), pela ótica neoliberal, "a educação enquanto política pública fica submetida às mesmas limitações, às mesmas práticas, às mesmas barreiras das políticas públicas em geral. Dessa forma, ela é antidemocrática, é clientelista, é improdutiva".

Destarte, a sociedade é o resultado das intenções humanas conscientes e das inter-relações que ocorrem a todos os instantes no cotidiano. Não há como se distanciar dos eventos da vida, pois os seres humanos são, ao mesmo tempo, sujeitos e objetos de investigação.

A tarefa do pedagogo não é descobrir leis, mas se engajar numa compreensão interpretativa, ou seja, compreender, conhecer, participar. Para Kosik (1995), "o conhecimento dessa realidade consiste em um processo de concretização que procede das partes para o todo e do todo para as partes. Dos fenômenos para a essência e da essência para o todo".

Nesse contexto, segundo Delors, citado por Ceroni (2006), os pedagogos necessitam se envolver e se comprometer

> *com o autodesenvolvimento e a qualidade social, principalmente, com o desenvolvimento da qualidade de vida da comunidade onde residem e prestam seus serviços. [...] motivados em contribuir com suas visões e ações nos ambientes educacionais, demonstram vontade de* APRENDER A APRENDER, APRENDER A SER, A FAZER, A VIVER JUNTOS, *e flexibilidade para mudar e [quem sabe começar] a fazer a diferença no mundo.*

Assim, a tarefa central da educação é formar cidadãos. Cidadania não é algo pronto, mas algo que se constrói no dia a dia. Rios, citada no projeto pedagógico institucional da Universidade do Vale do Itajaí (Univali) para o desenvolvimento da região, apresenta que, "para ser cidadão é necessário que o indivíduo tenha acesso ao saber que se constrói e se acumula historicamente e [enfim] ter condições de recriar continuamente esse saber" (Unidavi, 2006). A educação, como todo fenômeno humano, tem um caráter histórico.

> Vejamos alguns conceitos:
>
> - DEMOCRACIA – Não basta ter o direito de participar, mas é preciso criar condições efetivas para essa participação. Superar a visão mercadológica e conviver.
> - ALTERIDADE E AUTONOMIA (com relação ao outro) – A identidade é algo construído nos limites da existência social dos sujeitos. O poder existe quando os homens agem juntos e desaparece a partir do momento em que eles se dispersam.
> - GLOBALIZAÇÃO – Processo de unificação dos estados-nações, em que não existiriam mais fronteiras geopolíticas, em que o cidadão se tornaria CIDADÃO DO MUNDO.
> - NEOLIBERALISMO – Consiste na sustentação da tese de que o mercado é o principal e insubstituível mecanismo de regulação social, havendo uma enfática defesa do Estado mínimo. O mercado deve realizar uma seleção natural dos MELHORES.
>
> FONTE: SANTOS, 2005.

Assim, podemos entender melhor o que Melucci (1994) afirma:

> *Mesmo se todas as nossas relações são relações de poder, nós devemos estar atentos para o fato de que não existe só o poder. Existe também a capacidade de interagir com o poder. De outra forma, nós não seríamos jamais capazes de explicar de onde as pessoas sacam a energia para reagir a relações de poder e iniciar um conflito.*

Conforme Corsetti e Garcia (2008), as orientações neoliberais valem-se da suposta incapacidade gerencial do Estado para

> *a transferência da educação da esfera pública para a esfera de mercado. Assim, é negada a condição da educação como direito social, afirmando-se sua possibilidade de consumo individual, variável de acordo com o mérito e a capacidade dos consumidores. A educação, portanto, deve ser encarada como um bem sujeito às regras da competição e do mercado.*

O princípio norteador das propostas educacionais de cunho internacional e nacional é fundamentado na lógica do mercado. A educação, sob essa perspectiva, é entendida como um bem de consumo, num raciocínio mercantilista e utilitário. Pereira, citado por Vizzotto et al. (2008), cita:

> *As novas determinações do capital [...] se traduzem no processo de descentralização de poder em todas as áreas sociais onde, aí, se inclui o sistema educacional no qual a escola, a menor parcela deste sistema, passa a ser o lugar, por excelência, de suas próprias decisões. Nesta perspectiva a educação precisa ser resolvida localmente a partir de decisões do coletivo.*

No caso brasileiro, "o ajuste tornou-se particularmente dramático nos últimos anos, tanto do ponto de vista econômico quanto do social" (Kosik, 1995). No aspecto econômico, sofreu todo o impacto das políticas de ajuste implementadas na década de 1990 num curto espaço de tempo. Já no aspecto social, Soares, citado por Raichelis (2006), diz que nosso país "foi pego a meio caminho, na sua tentativa tardia de montagem de um Estado do Bem-Estar Social". Dada a sua massa gigantesca de pobreza estrutural, praticamente excluída dos benefícios do desenvolvimento passado, o país foi atingido pelos dois lados – o desenvolvido e o subdesenvolvido.

(.)
Ponto final

Na dinâmica neoliberal, as políticas e práticas de gestão da educação são, essencialmente, instrumentos das relações sociais, do poder e do domínio do capital, da lógica do mercado, da esfera econômica sobre as outras esferas da vida. Mesmo a escola, que tradicionalmente tem servido para atender aos interesses da sociedade capitalista por meio da disseminação do saber e da informação, acaba por "possibilitar às pessoas das classes subalternas captarem de maneira objetiva a própria realidade social contraditória da qual fazem parte" (Paro, 2002, p. 108). Com base na percepção crítica da situação injusta que condiciona sua existência, o cidadão passa a ter subsídios para reivindicar condições de vida mais justas e igualitárias.

A educação é vista pelos profissionais da educação como um treinamento de habilidades e competências, e o que vale é a rentabilidade. Assim, a educação deixa de ser vista como direito para ser tratada como MERCADORIA, como PRODUTO DE CONSUMO, e, em vez de se tratar com cidadãos, passa-se a tratar com clientes.

> *Em tempos de crise no capital [crise de paradigmas], a democracia é confundida com as leis do mercado; o cidadão é entendido como cliente ou consumidor, e o Estado como regulador e não como provedor. Sob esse prisma, a democracia embasada no mercado assume-se como uma "farsa bem--sucedida".* (Mousquer, 2003, p. 123)

É nesse cenário que se apresenta o processo de mercantilização da educação. No entanto, mesmo que a globalização da economia e as diferentes mudanças que vêm ocorrendo com o avanço das novas tecnologias e o encurtamento de distâncias estejam sendo apontadas como perfiladores de um amanhã dado como imutável, precisamos questioná-las e, pela constatação crítica e rigorosa dos fatos, necessitamos intervir nesse processo. Há mudanças necessárias e essenciais no campo da política educacional, das políticas públicas e da formação dos professores, sem as quais dificilmente poderemos concretizar as mudanças desejadas. Os professores/pedagogos têm sido comumente responsabilizados pela crise educacional. Se analisadas sob a perspectiva histórica as condições de formação, de trabalho e de salário, talvez pudéssemos concluir que os docentes também integram o cenário de vítimas das diretrizes neoliberais que atingiram a área da educação. Para pensar e redesenhar esse espaço, é preciso, cotidianamente, um esforço conjunto de todos os sujeitos que o compõem, lançando um olhar que deve ser singular e local, mas também relacionado com o contexto maior do qual faz parte.

Atividade

Entreviste um pedagogo que atue em um ambiente formal e outro que atue em um ambiente informal de ensino, perguntando sobre a práxis pedagógica desses profissionais e sobre quais são seus maiores desafios nas tensões e contradições do seu cotidiano de trabalho. Na sequência, em grupo, faça a análise das entrevistas, comparando as diferentes falas, e elabore um parecer sobre essa análise, enfatizando os desafios levantados pelos entrevistados e relacionando-os com os conteúdos vistos neste capítulo.

(2)

Repensando a educação
e a pedagogia no Brasil: limites,
tensionamentos e possibilidades

Taís Schmitz

Caros leitores, no presente capítulo, trataremos das inúmeras transformações que vêm ocorrendo na educação, no mundo e na sociedade em geral. Entendemos que, para compreendermos e (re)elaborarmos com seriedade o pensamento pedagógico brasileiro gerado contemporaneamente, necessitamos estudá-lo em seu contexto histórico, sendo esse um aspecto fundamental nos cursos de Pedagogia. Enfim, para começarmos a nossa conversa, não há nada melhor do que mergulhar no mar da história, na tentativa de compreendermos como o presente se constituiu.

No dizer de Hobsbawm, "Estudar História é exercitar o olhar. Olhar simultaneamente o passado e o presente, tentando perceber de que modo um se reflete no outro" (Hobsbawm, 1997, p. 35). A ideia central é que a história vivida não se constrói somente nas grandes estruturas econômicas e políticas, mas também na vida diária e nas brechas do cotidiano.

A realização de uma discussão sobre a história da educação está intrinsecamente ligada às perspectivas apontadas, ou seja, contribui para o entendimento do padrão de construção do pensamento mundial no tocante à educação e à própria pedagogia na contemporaneidade.

(2.1)
Globalização e neoliberalismo: afinal, como isso interfere na educação?

O mundo está sob o signo de uma economia globalizada, em que predomina a ideologia neoliberal. Vivemos o advento da GLOBALIZAÇÃO, que tem introduzido significativos desafios para o sistema educacional, em função das possibilidades de articulação que são oferecidas pelos meios tecnológicos de informação e comunicação. Está ocorrendo uma profunda revolução de paradigmas: o MERCADO hoje regula as relações econômicas e a educação vem assumindo um papel central no desenvolvimento do ser humano, visando à sua inserção nesse mundo sem fronteiras.

Santos (2002, p. 36) destaca que os principais traços dessa economia mundial são o domínio do sistema financeiro e o investimento em escala global, a revolução nas tecnologias de informação e comunicação, a desregulação das economias nacionais e a preeminência dos organismos internacionais ou das agências financeiras multilaterais.

Nessa nova ordem mundial, a educação está ocupando um lugar de destaque. Nas palavras de Silva Júnior (1995, p. 209) "A nova ordem mundial e a centralidade assumida pela ciência e a tecnologia aproximam – de forma estrutural – o setor produtivo do campo educacional, enquanto possibilidade de formação de recursos humanos e de produção de pesquisas orientadas para o mercado em sua dimensão global".

O que observamos, nesse cenário, é que as mudanças implantadas pelo neoliberalismo baseiam-se no paradigma da racionalidade financeira, que trouxe em seu bojo a negação da universalidade do direito à educação para todos e a afirmação do princípio da equidade, esta no sentido da diferenciação dos indivíduos de acordo com as demandas da economia.

Nessa lógica, a educação deve estar a serviço do sistema produtivo, oferecendo aos alunos os conhecimentos e as habilidades necessários para sua posterior adequação às necessidades do mercado. O propósito do neoliberalismo é combater as políticas macroeconômicas de garantia dos direitos sociais, defendendo, como meta, a estabilidade monetária.

Surgiu, assim, tanto no cenário nacional quanto no internacional, uma nova visão hegemônica sobre as políticas públicas, a qual prestigia uma ideologia de proteção só para os desprotegidos e ancora-se em organizações internacionais[a]. Ou seja, as ações de proteção sociais financiadas com recursos do Estado só focalizariam uma parte da população, logicamente aquela que se encontra abaixo da linha de pobreza, enquanto o restante encontraria sua proteção nas prateleiras e vitrines do livre mercado.

> A educação assume uma posição de elemento estratégico, no limite límbico entre as ações públicas e as ações privadas, no sentido de se tentar criar necessidades semelhantes para estes dois níveis, dirigidas para um aumento de competitividade empresarial, aliado a um resgate da dívida social, a fim de alcançar – rapidamente – a requalificação de um exército de reserva que se encontra excluídos das possibilidades de participar – interferir no desenvolvimento do sistema. [...] Enquanto a questão do ensino, ou mesmo, da presença da ciência e tecnologia neste processo de mudança de direções do sistema educacional [sic], apesar de estar atrelada ao âmbito da esfera das modificações pelas quais passam enquanto força produtiva essencial [sic] se refere exclusivamente à necessidade de formação técnica para o trabalho e, especialmente, das populações que ainda não têm acesso às benesses que trariam a capacidade de saber utilizá-las. (Melo, 2004, p. 191)

Destarte, os modelos neoliberais nas mãos de ideologias conservadoras condicionam hoje, em geral, os modos de pensar, sentir e agir da população mundial, conformando pessoas com um sentido que legitima e naturaliza estruturas materiais e maquinarias de poder que têm uma gênese histórica e, por isso, podem ser transformadas

---

a. Entre elas, pode-se citar o Banco Interamericano de Desenvolvimento (BID), o Banco Interamericano para a Reconstrução e Desenvolvimento (Bird), o Banco Mundial (BM) e o Fundo Monetário Internacional (FMI).

e substituídas se não satisfizerem aos ideais de equidade, democracia e justiça.

(2.2)
(Re)pensando a educação, a escola e a pedagogia no Brasil

Sobre o contexto atual em que estamos inseridos, Santos, citado por Brizzi (2008), afirma que:

> *No fim do século XX e graças aos avanços da ciência, produziu-se um sistema de técnicas presidido pelas técnicas da informação, que passaram a exercer um papel de elo entre as demais, unindo-as e assegurando ao novo sistema técnico uma presença planetária. Só que a globalização não é apenas a existência desse novo sistema de técnicas. Ela é também o resultado das ações que asseguram a emergência de um mercado dito global, responsável pelo essencial dos processos políticos atualmente eficazes.*

Assim, a sociedade globalizada, comprometida pela violência e pelas guerras, além de outras inúmeras situações que fazem ruir a integridade dos seres humanos, abriu espaço para que a competitividade e o individualismo (padrões instaurados como dominantes em uma coletividade cujo eixo gira em função da produção e do consumo) se estabelecessem como origem de novos sistemas totalitários, os quais, por sua vez, dada essa condição, foram assimilados com facilidade.

Dessa forma, Marques (2006), baseando-se em Costa e Silva, firma que a escola não se constitui sozinha como uma alavanca de transformação da sociedade, pois "são evidentes os seus limites, mas não se forja uma sociedade democrática sem a sua efetiva participação. Ela é, sem dúvida, um dos mecanismos viabilizadores de um modelo societal equânime".

No seu aspecto organizacional, a escola tem recebido especial atenção, não apenas pelos estudiosos da área de organização e administração escolar, mas, principalmente, pelos formuladores das políticas educacionais, segundo afirma Ferreira (2000). Tida, no passado, como local de execução das decisões tomadas fora dela e, portanto, percebida como cumpridora das normas uniformizantes do sistema de ensino, passou a ser vista como entidade privilegiada para tornar realidade as pretendidas mudanças na educação.

> *Ainda que sejam muitas as concepções sobre a relação entre educação e sociedade, educação e produção da existência ou educação e atividade econômica, todas partilham de algumas questões indubitáveis a esta condição humana que constitui a razão de ser de toda instituição escolar: a formação humana [do cidadão].* (Ferreira, 2006)

Mas, para que esse propósito – a "formação humana" – seja atingido, faz-se necessário que estejamos conscientes de que a escola está imersa nesse espaço/tempo que é chamado de *sociedade global*. Isso significa participar de um mundo no qual as transformações relativas ao trabalho e às relações sociais são violentas e imensas, processo que gera impactos desestruturantes para todos. No âmbito escolar, isso exige inovações tanto no que diz respeito aos conteúdos de formação como às formas de organização e gestão da educação, ou seja, é fundamental que seja ressignificado o valor da teoria e da prática da administração da educação, pois a escola é um organismo social dinâmico, produtor e reprodutor de diferentes culturas.

Nessa conjuntura, deve-se, por exemplo, oferecer uma formação diferenciada, isto é, que se distinga daquelas que são realizadas em outras escolas, e promover a socialização do saber, de forma a possibilitar a aquisição de ferramentas de afluência a tal saber. Outros fatores que também devem ser observados dizem respeito a proporcionar uma formação que abranja várias dimensões (científica, técnica, ética e humana), as quais sejam compostas de elementos do conhecimento e de atitudes, bem como ensejar práticas de vida em sociedade.

A constituição da educação, da escola e da própria pedagogia – como ciência – é resultado de uma tessitura de significados que se corporificam, se materializam e se encarregam de criar laços, instituídos e instituintes, que estabelecem uma ponte entre o passado e o presente.

Nesse contexto, o pedagogo é, antes de tudo, um professor que se especializa em assuntos educacionais, enquanto a pedagogia abarca um conjunto de conhecimentos sistemáticos que se referem ao fenômeno da educação. Podemos dizer que essa área do saber é o campo de conhecimento que investiga a natureza das finalidades da educação em determinada sociedade, em determinada época, marcada por determinado pensamento filosófico.

Assim compreendida, a pedagogia [...] possibilita que as instituições e os profissionais cuja atividade está permeada de ações pedagógicas se apropriem criticamente da cultura pedagógica para compreender e alargar a sua visão das situações concretas nas quais realizam seu trabalho, para nelas imprimir a direção de sentido, a orientação sociopolítica que valorizam, a fim de transformar a realidade. (Althaus, 2008)

Dessa maneira, a pedagogia é o caminho da reflexão sistemática, vivenciada, sobre o ideal de educação e de formação humana, podendo se (re)significar à medida que torna a ação uma referência em torno da qual se volta.

(.)

Ponto final

O novo cenário da educação que se configura no século XXI traz novas possibilidades de espaços de trabalho pedagógico. A educação em espaços não escolares vem confirmar a realidade que vivenciamos. O profissional da educação sai, então, do espaço escolar, institucionalizado, formal, para se inserir nos espaços não formais que começam a emergir e exigem uma redefinição da atuação do pedagogo: empresas, hospitais, organizações não governamentais (ONGs), associações, igrejas e outros locais que transpõem os muros da escola. Essa nova realidade vem, com certeza, quebrando preconceitos, pois, onde houver uma prática educativa, existe uma ação pedagógica. Assim, a escola deixa de ser o único espaço de trabalho possível para o pedagogo, ressaltando que este continua sendo um *locus* importante.

Nesse contexto, percebemos que o pedagogo deixa de ser o profissional que foi no século XX. Apresenta-se agora como agente de transformação dessa realidade que gradativamente começa a projetar-se. Destarte, o pedagogo se insere no mercado de trabalho de forma mais ampla e diversificada, considerando que a nossa sociedade exige cada vez mais profissionais multifacetados (capazes de exercer diferentes funções em diferentes espaços, formais ou não formais).

Atividade

Considerando os diferentes espaços de trabalho que começam a surgir para o pedagogo, como você ENXERGA essas possibilidades com base na sua realidade e em suas expectativas quanto ao curso de Pedagogia? Construa um texto respondendo a essa questão.

(3)

Pedagogia sociocultural

Laíno Alberto Schneider é doutor em Filosofia (2000) pela Universidad Pontificia de Salamanca, mestre em Antropologia Filosófica (1992) pela Pontifícia Universidade Católica do Rio Grande do Sul (PUCRS) e graduado em Licenciatura Plena em Filosofia pela Faculdade de Filosofia (1987) Nossa Senhora da Imaculada Conceição (Fafimc). Tem experiência na área de antropologia, com ênfase em etnologia indígena, atuando principalmente nos seguintes temas: homem, pesquisa, cultura, projeto e vida.

Laíno Alberto Schneider

Diante da temática "pedagogia sociocultural", é importante questionar o que se entende por *pedagogia* e qual é a relação desta na perspectiva sociocultural. Para responder à primeira pergunta, podemos apresentar a definição dada pelo *Dicionário eletrônico Houaiss*, que designa *Pedagogia* como a "ciência que trata da educação dos jovens, que estuda os problemas relacionados com o seu desenvolvimento como um todo" (Pedagogia, 2001). Portanto, pedagogia é a ciência que estuda o desenvolvimento do indivíduo como um todo e sua formação para estar num mundo em constante mudança e poder enfrentá-lo.

No que se refere ao segundo questionamento, o papel da pedagogia é encontrar caminhos que possibilitem uma reformulação das práticas educacionais. Pode-se construir uma segunda interpretação a esse respeito por meio do mito de Prometeu[a], que enfatiza a importância da humildade. A tarefa de aprendizagem somente se torna possível quando há uma postura que permite a reflexão e a compreensão das limitações às quais estamos submetidos. É sob tais perspectiva e postura que surge a necessidade do entendimento de que só há a possibilidade de desenvolvimento ou aprimoramento dessas possibilidades quando se dá início a uma relação dialógica. Portanto, só pode existir um processo de desenvolvimento quando existe a compreensão das possibilidades e das perspectivas de finitude. A relação que passa a ser desenvolvida pelo pedagogo é a de identificar a realidade e o contexto, ou seja, apresentar a situação de finitude para, a partir dela, elaborar uma possibilidade de aprimoramento e buscar a infinitude.

> Decidido, porém, a fazer daquela criatura um ser privilegiado, Prometeu decidiu subir até os céus e roubar ao carro do Sol uma pequena chama.
> — Veja! – disse ele a Minerva. – Com o domínio desse fogo o homem será superior a todas as demais criaturas!
>
> FONTE: FRANCHINI; SEGANFREDO, 2003, P. 208.

A atitude que Júpiter adotou em relação a Prometeu (depois de condená-lo a ficar preso no Monte Cáucaso e ter

---

a. Prometeu é o titã da mitologia grega que rouba o fogo dos deuses para presentear os homens e, por isso, é condenado por Júpiter a ficar preso no Cáucaso e ter seu fígado diariamente devorado por uma ave de rapina.

seu fígado constantemente devorado, Júpiter aceita deixá-lo ir, depois que Prometeu propõe uma solução engenhosa: ele usaria um anel contendo um pedacinho do Monte Cáucaso, pois, dessa forma, estaria sempre preso a esse rochedo) é por vezes similar a que o pedagogo adota num processo de ensino-aprendizagem, ou seja, ele precisa avaliar e verificar as consequências das ações e atitudes do aprendente para conseguir medir e avaliar as consequências da sua própria ação. Não deve apenas aplaudir ou condenar previamente, mas questionar e compreender o processo pelo qual o aprendente passa. Conhecer a realidade é fundamental. O pedagogo precisa ter senso de justiça ao administrar as várias possibilidades dentro das diferentes realidades socioculturais.

Podemos encontrar outra grande semelhança entre o mito de Prometeu e o papel do pedagogo: assim como Prometeu não se conformou com o fato de o fogo só pertencer aos deuses, o pedagogo é aquele que busca formar e possibilitar o acesso de todos os aprendentes ao conhecimento.

Prometeu carrega em suas costas o fato de ter roubado o fogo dos deuses para dá-lo aos homens. Ao ler esse mito com atenção, podemos encontrar grandes semelhanças com o papel do pedagogo. Uma das suas tarefas básicas e fundamentais, independentemente de sua área de atuação, é possibilitar o desenvolvimento e o aprimoramento da potencialidade das estruturas individuais e coletivas das pessoas com quem trabalha. O pedagogo que rouba o fogo é aquele que devolve a **esperança de desenvolvimento cognitivo, social, profissional**.

Vamos refletir sobre a afirmativa de que o pedagogo é aquele que deve roubar o fogo. Ela remete à questão central, que visa trabalhar com a verdade, e diante desta é que surge a grande questão pedagógica: Quem está com a verdade na relação de ensino-aprendizagem? Por essa razão, toda a ação pedagógica precisa estar vinculada não somente a pareceres e práticas prontas, mas sim à capacidade de desvelar e constantemente reaprender a aprender os novos significados que as mesmas ou diversas situações ou realidades apresentam.

(3.1)
Paradigmas epistemológicos

Existem duas vias básicas de acesso à realidade social: uma está pautada numa perspectiva realista e a outra, numa perspectiva idealista. Vamos conhecê-las?

O pedagogo que tomar como estrada a LINHA REALISTA para influenciar ou compreender a sociedade ou o ambiente social em estudo ou no qual atua sempre partirá de situações concretas, e é em função de cada situação e realidade que estabelecerá uma intervenção ou um contato com o cenário em que se encontra. Essa situação permite uma atuação inspirada numa circunstância contextual, dando forma a um agir pedagógico prático. A ação de intervenção é motivada por fatores externos. Ter uma atitude realista é desenvolver uma ação racionalista.

O realismo, por ser um processo racional e concreto, cria uma postura de previsibilidade, alimentando, dessa forma, uma postura técnica e científica. Ser realista é trabalhar com resultados, com convicções norteadas pelo desempenho.

Um exemplo dessa postura realista pode ser verificado em uma circunstância avaliativa, quando o resultado dessa avaliação for o grande indicativo de intervenção. Medir o resultado é demonstrar um processo de verificação sobre a produção do conhecimento, e é por essa produção do conhecimento que a postura realista primará.

A segunda postura, denominada de *idealista*, é aquela em que o pedagogo norteia as suas ações e atitudes por suas convicções e princípios. Esses princípios estão sempre carregados de uma base teórica, ou seja, de convicções e paradigmas conceituais, os quais idealizam as ações e atitudes.

A postura de um idealista é a de um sonhador, que segue ideias, correntes, para ampliar os seus horizontes e perspectivas. Em relação ao próprio modelo referido na situação do realismo, a postura do idealista visa não só avaliar o conhecimento, mas, também, considerando suas possibilidades, prever situações meritórias no amanhã.

O idealista não mede, e sim sonha. Propõe, em vez de simplesmente avaliar o fracasso ou o sucesso. Por isso, a preocupação não reside no ensinar, mas na possibilidade de aprendizagem e formação. No momento em que o referencial passa a ser somente o conhecimento, limita-se à leitura das possibilidades de aprender.

É difícil dizer qual o melhor caminho a ser adotado, pois há momentos e circunstâncias em que não se tem tempo de sonhar, uma vez que é preciso ser prático e objetivo. No entanto, em certas circunstâncias, é possível apontar perspectivas que vão além da formalidade. Assim, é importante o pedagogo saber avaliar em que circunstâncias e condições ele está inserido.

(3.2)
Os ambientes educacionais

A relação entre a pedagogia e a educação é intrínseca, é um fato, pois a primeira é o grande aporte para dar sustentação e sistematização às práticas referentes à segunda. O pedagogo busca, em cada ambiente social, um espaço de aprendizagem e de compreensão dos fenômenos sociais que nele se verificam. No entanto, para compreender como esse processo se desenvolve, é preciso estar preparado para olhar de outras formas o mecanismo e o movimento processado pelas pessoas no contexto em que se inserem.

Um exemplo específico dessas diversidades é o ambiente hospitalar. Quando o profissional de pedagogia atua num espaço como esse, deve manter em mente que está trabalhando. A doença é uma situação-limite na existência humana, e lidar com pessoas nessa situação requer uma preparação específica e pontual. O ambiente hospitalar não é comum e rotineiro, no seu aspecto circunstancial, mas é extremamente real na vida das pessoas que estão buscando recuperação da sua saúde. Por isso, faz-se necessário um preparo específico, considerando-se vários aspectos que geralmente não estão entre nossas ocupações e preocupações cotidianas. Cabe ao pedagogo gerir essas dificuldades e auxiliar na superação. O pedagogo que atuar em ambientes hospitalares precisa de todo um preparo psicológico e emocional para gerir situações extremamente delicadas do ponto de vista emocional/psicológico. Aprofundaremos esse assunto no Capítulo 8.

Já em um ambiente empresarial, o pedagogo irá se deparar com um espaço de competição e disputas profissionais. Tais circunstâncias irão requerer dele uma compreensão dos limites e das consequências nas relações sociais que determinadas circunstâncias podem trazer. É necessário lidar com as situações que envolvem interesses particulares o mais rápido possível, pois a continuidade e a incorporação de certas situações de conflito permitem que se abra no meio profissional um espaço para o desconforto, ou seja, se esses conflitos não forem bem administrados, podem gerar grandes dificuldades no ambiente profissional.

Por último, num ambiente industrial ou de construção civil, o pedagogo lidará com pessoas dos mais diferentes ambientes culturais, em situações tanto formais quanto informais. Saber administrar e conduzir o desenvolvimento e a convivência nesse ambiente requer não só a noção do que se está fazendo, mas também a percepção das diversidades e da fragilidade com que as situações se apresentam. Veremos em maior profundidade essa possibilidade de atuação do pedagogo no Capítulo 7.

Cada ambiente anteriormente destacado representa o conhecimento que se desenvolveu dentro do contexto a que se refere. Esses conhecimentos estão carregados de um enredo cultural. Dessa forma, fazem-se necessários uma atenção e um trabalho com base na cultura de cada ambiente e das convicções neles disseminados.

Cabe ao pedagogo, num mundo em constante transformação, adotar práticas que explorem a multiculturalidade, ou seja, as mais variadas e diferentes culturas que permeiam o ambiente de aprendizagem. É importante aqui ressaltar que o ambiente de aprendizagem vai muito além da sala de aula. Ele permeia cada momento da vida das pessoas e, por isso mesmo, foram ressaltados esses novos espaços em que o pedagogo pode atuar.

Trabalhar com as diferenças individuais é um dos papéis do pedagogo, além de ser fundamental para que haja crescimento. Reconhecê-las é o primeiro passo para se chegar a um convívio harmônico e pacífico. As diferenças são importantes por criarem o contraditório e o questionamento. Isso possibilita as transformações. Não existindo a habilidade para lidar com elas e com sua correta compreensão, corre-se o risco de tornar impossível uma relação harmônica e de permitir o surgimento de um ambiente de disputa e conflito. A diferença provoca o movimento; a semelhança, a estagnação e a acomodação.

Chegamos aqui à questão da aprendizagem dentro do ambiente educacional: COMO TRABALHAR A IGUALDADE DENTRO DAS DIFERENÇAS INDIVIDUAIS? Dentro do ambiente escolar, é tarefa do pedagogo encontrar caminhos que propiciem um melhor aproveitamento no que diz respeito ao aprender.

(3.3)
Diversidade cultural

A diversidade cultural é a demarcação de encontros e desencontros das diversas identidades socioculturais. Mesmo em espaços pequenos, verificam-se oportunidades e possibilidades das mais diversas. Isso porque, em qualquer contexto, existem diferenças de origem, de postura, de concepções e de realidade.

Esses encontros, que se estabelecem no momento em que há uma relação de identidade e de pertencimento, também demarcam os desencontros, ou seja, são o momento em que se percebe o quão diferente um ser humano é em relação ao outro. A diferença é uma das características básicas do ser humano. Aliás, é o que difere a natureza humana da dos demais seres vivos, pois o ser humano é capaz de criar e recriar a forma como pretende viver no seu ambiente social. Essa característica-base provoca um processo cultural, o qual, por sua vez, marca o grau de organização que as multiplicidades demarcam, demonstrando, assim, o grau de viabilidade de interação entre os fatores sociopolíticos. Em todo e qualquer processo sociocultural, os vínculos são estabelecidos por meio de uma escolha de como o grupo quer e precisa sobreviver no seu espaço social e político.

Só há diversidade cultural porque há um processo cultural, e não somente vida social. Caso o ambiente social seja demarcado por uma vida pura e simplesmente social, o indivíduo ou todo o grupo estará vivendo em uma estrutura sociocultural conservadora, a qual se caracteriza por ser uma estrutura de repetição. Essa estrutura de repetição não permite o olhar e a compreensão da diversidade e das diferenças. Já o processo cultural é o resultado do aprimoramento e da incorporação das relações trabalhadas e desenvolvidas por meio do contato entre o individual e o coletivo. Portanto, o resultado das relações sociais apresenta a sua consequência no seu modelo de processo cultural.

A distância verificada entre os indivíduos e a estrutura (como organização social, sociedade e seu *status quo*) é proporcional à necessidade de interação que precisa existir. Quanto maior for a distância entre as pessoas e as relações de estrutura, maior será a necessidade de interação. Essa distância só pode ser diminuída se houver a possibilidade de se construir uma ponte entre dois abismos, por meio da participação das pessoas e da sociedade. A não comunicação, assim como a falta de relações, aumentará, com o passar do tempo, a profundidade desse abismo.

A participação é a capacidade de mobilização que as pessoas, a sociedade e as estruturas de determinada organização precisam legitimar e incentivar em torno de uma relação de pertencimento. É o instante em que o indivíduo ou o grupo, ao se sentirem motivados e acolhidos por metas e objetivos maiores, abrem mão dos seus caprichos particulares.

Todas as ações participativas demarcam situações e realidades, e o seu resultado final é o que produzirá conhecimento. O grau de interação e de vinculação está, dessa forma, vinculado ao processo de conscientização que as relações estabelecem com o seu meio.

> *A experiência de conhecer, no sentido de atribuir significados, é inerente ao encontro com os objetos e com as pessoas, assim como colori-los de sentimentos. O conhecimento tem nos contatos sociais com os semelhantes uma das fontes fundamentais da experiência.* (Sacristán, 2002, p. 113)

A produção do conhecimento precisa estar vinculada com a realidade objetivamente identificada e vivida. A vinculação que o pedagogo estabelece com o seu entorno é exatamente a demarcação da vinculação que a sua compreensão estabelece com a realidade. Por isso, faz-se necessário compreender a realidade para, em função dela, buscar as respostas e a superação das dificuldades nela verificadas. A realidade é o espaço, o ambiente ou, em última instância, o cenário onde é travada a vinculação do indivíduo com a sociedade.

> *Situamos os outros mais adequadamente em relação a nós e nós em relação a eles, quanto melhor compreendemos a eles e anos. O espaço social em que nos achamos situados com e entre os demais está determinado, de alguma forma, pelo conhecimento que temos dos outros, pela ideia ou pela imagem que elaboramos ou herdamos sobre quem são os outros e sobre quem somos nós.* (Sacristán, 2002, p. 113)

Por mais realista ou idealista que possa ser um profissional da área da pedagogia, ele não pode perder o foco e deixar de vincular a realidade com a produção do conhecimento. É na relação e na vinculação que se verificam as potencialidades de superação das crises e das dificuldades verificadas.

O conhecimento produzido ou desvinculado da sua realidade não apresenta o nexo causal de aproximar o efeito da sua causa. Todo efeito é provocado por uma causa, ou seja, pela sua realidade. Somente a identificação dessa relação permitirá a continuidade da caminhada rumo ao desvelamento e à compreensão da complexidade da esfera sociocultural.

A realidade pode ser a mesma, mas a percepção sobre ela é diferente para cada indivíduo. Isso acontece basicamente porque esses indivíduos têm uma relação de interação diferenciada. O fator decisivo nessa captação ou percepção é o que se denomina *conhecimento*. É o conhecimento que se tem acerca da realidade que permitirá ampliar e aprofundar a percepção e o olhar sobre ela. A participação ocorre no instante em que a ação desencadeada produz algo. Por isso, identificar essa circunstância e esse momento permite aprimorar o olhar sobre essa realidade.

É comum que a rotina de determinado ambiente vivencial torne tão familiares algumas ações e atitudes que, por vezes, não mais se consegue perceber o que ou o porquê as ações são desenvolvidas desta ou daquela forma. O hábito vivencial é demarcado pelos COSTUMES e USOS construídos na sociedade. Os COSTUMES demarcam as espontaneidades que as interações nas relações sociais conseguiram estabelecer em torno da sua realidade, ou seja, espontaneamente as pessoas observam e atendem determinadas posturas. Por sua vez, os USOS são as ingerências de obrigação que se estabelecem nas relações sociais, ou seja, um contrato de obrigação. O produto final da interação entre usos e costumes é o que se denomina de *habitat sociocultural*, ou seja, a organização social está demarcada por posturas impositivas obrigatórias e por outras naturalmente incorporadas.

A vinculação e o pertencimento a essas situações (*habitat sociocultural*) proporcionam o grau de pertencimento e acolhida das diversidades. Isso pode ser percebido com a leitura de Paulo Freire, o qual destaca a "leitura do mundo":

> *Como educador preciso ir "lendo" cada vez melhor a leitura do mundo que os grupos populares com quem trabalho fazem de seu contexto imediato e do maior de que o seu é parte. O que quer dizer é o seguinte: não posso de maneira alguma, nas minhas relações político-pedagógicas com os grupos populares, desconsiderar seu saber de experiência feito. Sua explicação do mundo de que faz parte a compreensão de sua própria presença no mundo. E isso tudo vem explicitado ou sugerido ou escondido no que chamo "leitura do mundo" que precede sempre a "leitura da palavra".* (Freire, 2002, p. 90)

A leitura do mundo é a realidade sociocultural da pessoa, a qual serve de base para o segundo passo, que é a leitura da palavra. Esta precisa de toda uma preparação, de uma estrutura de relação, de conhecimento da realidade. No instante em que o mundo da palavra não se comunica com a leitura do mundo, existe um processo desconexo. Essa desconexão não permite que ocorra a compreensão, o que desvincula todo e qualquer processo de aprendizagem. Por isso, o pedagogo que estiver desvinculando de sua forma de pensar da realidade jamais atingirá os objetivos propostos. A leitura do mundo é o que confere a base da elaboração para a compreensão da lógica sociocultural no cotidiano. É nas ações do dia a dia que aparece a necessidade da intervenção de um profissional.

A memória da realidade confere a possibilidade de elaboração do processo histórico da cultura, ou seja, sem a memória e a trajetória histórica, não há como identificar a base cultural de uma sociedade. A cultura é a base que permite à sociedade, às instituições e às estruturas solucionarem as suas situações de conflito. É função da cultura criar a estrutura básica para a sobrevivência sadia do indivíduo no grupo. A forma que cada sociedade, comunidade ou organização social encontra para organizar a sua forma de ler o mundo representa a base para compreendê-la. Assim, em qualquer processo de estudo e de intervenção que se venha a realizar em determinada sociedade, é fundamental e necessário que sejam recuperadas a sua memória e a sua história.

O resgate da história e da memória permite olhar a relação que a leitura do mundo e a leitura da palavra desenvolveram. A memória é o traço cultural que está impregnado na identidade do indivíduo e do grupo. Por isso, afirma-se que não existe indivíduo sem personalidade e grupo sem cultura. A capacidade de organização dos indivíduos é, em última instância, o resultado das relações culturais nesse ambiente. Portanto, o resgate da memória permite identificar a realidade e a circunstância do momento presente.

O profissional da pedagogia precisa ler o presente com a memória do passado para poder moldar sua perspectiva e orientação do futuro.

Destarte, cada indivíduo tem os seus projetos de vida, e é em função deles que a sociedade e os grupos são movidos. Portanto, é urgente que se verifiquem os projetos existentes numa organização/sociedade, os quais se relacionem com as perspectivas individuais e pessoais dos seus membros. A identificação desse aspecto serve como base para a compreensão e o entendimento da identidade individual e social a partir dos seus contextos, conforme destacam

Kluckhohn e Kelly, citados por Abbagnano e Visalberghi (1964, p. 213): "A cultura é um sistema historicamente derivado de projetos de vida explícitos e implícitos que tendem a ser compartilhados por todos os membros de um grupo ou por aqueles especialmente designados".

A cultura é o resultado, em última instância, das negociações que foram desenvolvidas em torno da realidade sociocultural dos seus membros. Compartilhar e compreender essas referências é condição básica para oferecer e identificar a dinâmica da cultura.

(3.4)
A aprendizagem e o fator sociocultural

A aprendizagem e o fator sociocultural do aprendente são dois pontos que se avizinham e estão intimamente ligados, pois é fato que o fator sociocultural e a estrutura do contexto são decisivos no processo da aprendizagem.

> *O primeiro obstáculo são* AS PALAVRAS, *que geralmente veiculam ideias prontas. Temos uma grande dificuldade de fazer uma* TÁBULA RASA *da organização escolar e das práticas pedagógicas atuais, em* PENSAR DE OUTRO MODO. *Ora, no estado da arte e da teoria, esta é a chave de uma ruptura: tentar* REPENSAR OS PERCURSOS ESCOLARES, *para que sua individualização não se limite a algumas variações marginais em relação a uma formação padrão definida como uma progressão de grau em grau em um programa estruturado em anos sucessivos.* (Perrenoud, 2000, p. 51)

Esses desafios precisam alimentar as perspectivas para poder semear uma esperança e uma possibilidade de transformação. O pedagogo precisa acreditar que é possível a transformação da realidade, independentemente do contexto sociocultural.

Ser um profissional de pedagogia significa redimensionar os significados do ensinar e aprender. É ser capaz de ver além das palavras e do superficial.

Aprender exige muito mais do que ensinar, porque somente será capaz de compreender o porquê e os motivos da aprendizagem aquele que apreender suas consequências, seu sentido e seu significado. Para tal condição, é imprescindível que se compreenda que o conhecimento e a aprendizagem fazem parte de um processo de amadurecimento, assim como de interação do indivíduo, do grupo ou da organização social com a sua realidade.

Diante desse quadro, o pedagogo não é alguém que aponta soluções, e sim aquele que orienta e vislumbra perspectivas de ensino-aprendizagem ou de leitura do mundo.

(.)

Ponto final

Voltando o olhar sobre o mito de Prometeu, vislumbramos a condição do pedagogo como um titã que precisa acreditar na possibilidade e no sonho da justiça social. O pedagogo precisa fazer ciência e, ao mesmo tempo, sonhar com o aprimoramento da sociedade e das pessoas. Por isso, é essencial que, além de trabalhar com a ferramenta da ciência, ele alimente constantemente o sonho de transformar a pedagogia em arte. No dizer de Fernández (2001, p. 61): "O mais importante que o sujeito autor produz não é conhecimento para si, mas a transformação nele e naqueles que o circundam".

Além de ser um agente de ensino, de pesquisa e compreensão da realidade, o pedagogo precisa ser um agente transformador do seu meio social. Ser sujeito de transformação é ser capaz de compreender os desafios. O pedagogo precisa ser um incentivador constante, a fim de formar indivíduos sujeitos. Ser sujeito significa ser agente e modelo de transformação da cultura.

Atividade

A identidade confere diferenças aos grupos humanos. Ela se evidencia em termos da consciência da diferença e do contraste do outro. Faça uma análise sobre o trabalho do pedagogo nos espaços educativos marcados pela diversidade cultural.

(4)

Intervenção pedagógica
em ambientes (não) escolares

Graziela Rossetto Giron possui mestrado em Educação (2007) pela Universidade do Vale do Rio dos Sinos (Unisinos), especialização em Formação para Educação a Distância (2005) e graduação em Pedagogia (2004) pela Universidade de Caxias do Sul (UCS). Possui experiência na área da educação, com ênfase em orientação e supervisão educacional, atuando principalmente nos seguintes temas: práticas pedagógicas, currículo, educação infantil, formação de professores e políticas educacionais.

Graziela Rossetto Giron
Taís Schmitz

O presente capítulo pretende proporcionar um diálogo sobre as possibilidades de procedimentos metodológicos diante das diferentes demandas e representações da educação em espaços formais e não formais na atualidade.

Vivemos na época da pós-modernidade, na qual não existe mais uma verdade única e absoluta. A humanidade começa a reconhecer as diferenças existentes na sociedade (apesar de ainda não saber muito bem como lidar com elas). A razão ou a capacidade intelectual não é mais a única forma de ver e entender o mundo, passando a ser reconhecidas outras potencialidades humanas.

Além disso, teorizar sobre a ação, ou melhor, refletir sobre a práxis pedagógica, possibilita que o pedagogo/professor tenha mais autonomia e competência. Diante disso, este capítulo tem por objetivo auxiliar você, leitor, a aproveitar os imprevistos cotidianos, conviver com as incertezas e criar na sala de aula e fora dela um espaço de discussão na busca por soluções para os problemas, procedimentos que ajudam a qualificar a prática pedagógica. Bom estudo!

(4.1)
Para começo de conversa...

Se levarmos em conta a construção histórica da humanidade, conceituar *educação* não é uma tarefa fácil, pois, em cada período da história, essa palavra teve um significado e um objetivo diferenciados. De forma sucinta, pode-se dizer que, nas sociedades primitivas, era necessário educar para que as pessoas soubessem se defender, obter alimentos, guerrear, em outras palavras, subsistir. Com o aperfeiçoamento da vida em comunidade, a educação passou a ter um papel mais relacionado à manutenção da cultura e das tradições dos antepassados.

No século XV, com o surgimento do movimento renascentista, a educação passou a ser vista como uma possibilidade de descoberta e desenvolvimento das potencialidades humanas. Isso se deveu ao fato de que o Renascimento colocou o ser humano no centro do universo (antropocentrismo), dando especial destaque à racionalidade humana.

Nesse momento histórico, a educação contribuiu para mudar comportamentos, transformando e formatando nos moldes definidos pelos valores culturais e morais vigentes naquela época as pessoas que não se enquadravam num modelo de homem ideal.

Com o advento da globalização (que, para muitos, confunde-se com uma nova era: a do conhecimento), facilitou-se o acesso a múltiplas e variadas informações, sem, com isso, garantir uma melhoria na construção do conhecimento humano. À educação foi conferido um lugar privilegiado nos processos de reestruturação produtiva e no desenvolvimento econômico, sendo delegada a ela a incumbência de formar indivíduos visando inseri-los num mercado de trabalho cada vez mais excludente e permeado pelos códigos da Modernidade.

Essa nova realidade socioeconômica e política fez com que surgisse uma educação efêmera, flexível e em constante renovação e atualização dos seus conteúdos, objetivando, prioritariamente, garantir o atendimento ao maior número possível de pessoas. Porém, os sistemas educativos vigentes (em que predomina o ensino presencial) não conseguem dar conta desse enorme contingente humano que necessita estar em constante formação.

> *Nesse contexto, vamos refletir?*
> *Qual é o papel do professor diante dessa nova realidade?*

Vive-se hoje uma lógica educacional que tem como finalidade primordial preparar crianças e adolescentes para conseguir um emprego no futuro. O papel do professor e da educação talvez deva ser o de trabalhar mais no sentido da humanização do ser, da socialização, da cooperação, da solidariedade, e não apenas de preparar crianças e adolescentes para, mais tarde (num futuro qualquer), inserirem-se no mercado de trabalho; enfim, lutar por uma educação humanizadora, e não apenas mercadológica e utilitarista. Só assim o professor poderá desempenhar uma função educativa mais ampla e abrangente, voltada para o aqui e agora, contribuindo efetivamente para uma inclusão do aluno num todo maior, que contemple a plenitude do ser humano.

(4.2) O ensino e a construção do conhecimento

Com relação ao questionamento "PARA QUE SERVE ENSINAR?", muito provavelmente surgirão inúmeras respostas explicitando diferentes concepções e paradigmas que sustentam os vários pensamentos ou práticas pedagógicas. Dependendo do lugar que estivermos ocupando e/ou vivenciando e do entendimento sobre como ocorre o processo de construção do conhecimento, entenderemos esse questionamento e responderemos a ele de forma diferente.

No intuito de ampliar ainda mais a nossa discussão, é importante salientar que existem três diferentes concepções teóricas que explicam como ocorre a construção do conhecimento no ser humano. É com base nessas correntes epistemológicas que são organizadas as diferentes propostas de aprendizagem. Essas três teorias são classificadas de acordo com os seguintes critérios: conhecimento primado no sujeito, conhecimento primado no objeto e conhecimento primado na interação sujeito-objeto.

Vamos relembrá-las:

- EMPIRISMO (primado no objeto) – Considera o organismo sujeito às contingências do meio, sendo o conhecimento uma cópia de algo dado no mundo externo. Defende a tese de que o indivíduo aprende a partir das experiências, ou seja, que o ser humano é uma tábula rasa que necessita ser preenchida por meio das vivências cotidianas e das informações fornecidas por outra pessoa já conhecedora do mundo. O conhecimento se encontra presente na realidade exterior, sendo considerado novo somente para o indivíduo que o fez; não há descobrimento de novas realidades. Portanto, todo conhecimento fica reduzido a uma questão exógena, em que as experiências são simplesmente transmitidas, por meio de verbalizações ou de recursos e materiais audiovisuais.
- APRIORISMO OU INATISMO (primado no sujeito) – Afirma que as formas de conhecimento estão predeterminadas no sujeito. Atribui-se ao organismo humano categorias de conhecimento já prontas para as quais toda estimulação sensorial é canalizada. Defende a tese de que existe algo inato ou programado na bagagem hereditária de cada pessoa que a faz aprender, ou seja, todo indivíduo já carrega em si a capacidade de ser inteligente; é só uma questão de tempo e de permitir que esse conhecimento aflore.
- INTERACIONISMO (interação sujeito-objeto) – O conhecimento é considerado uma construção contínua e, em certa medida, a invenção e a descoberta são pertinentes a cada ato de compreensão. A passagem de um nível de compreensão para outro é sempre caracterizada pela formação de novas estruturas, que não existiam anteriormente no indivíduo. A pessoa constrói o

> com base nas interações realizadas com o meio, tanto físico como social. Em decorrência disso, dá-se grande importância às atividades, espontâneas ou não, da criança em sua interação com o mundo (físico, social etc.), enfatizando-se que há uma relação dinâmica entre a bagagem genética hereditária e sua adaptação ao meio em que se desenvolve.

FONTE: ADAPTADO DE MIZUKAMI, 1986.

Se ensinar é deixar marcas, quais serão os efeitos dessas três diferentes concepções teóricas no tocante à formação humana?

Existem várias implicações dessas concepções teóricas na formação dos indivíduos e da sociedade. Entre elas, podem-se citar as seguintes: quanto ao EMPIRISMO, pode-se dizer que ele ajudará a formar pessoas com um perfil mais submisso, sem muita iniciativa e capacidade de questionamento, assim como de posicionamento crítico e criativo diante da vida; o APRIORISMO, por reforçar o desenvolvimento das capacidades inatas e individuais de cada pessoa, possivelmente contribuirá para a formação de um sujeito autoconfiante, autônomo e crítico, porém mais voltado para os seus interesses e ideias, apresentando dificuldades em se relacionar em grupos; o INTERACIONISMO, por reforçar a discussão e o debate de ideias entre as pessoas e valorizar a capacidade criativa, a liberdade de expressão, a interação entre diferentes ideias e interesses, como também por favorecer o trabalho em grupo, possivelmente contribuirá com a formação de um indivíduo autônomo, questionador, crítico, participativo, cooperativo e mais atuante na sociedade.

Não sabemos se é possível dizer qual dessas concepções epistemológicas está mais correta ou qual delas consegue garantir a construção do conhecimento. Entretanto, todas elas contribuirão para a formação de um tipo de indivíduo social. Cabe ao professor e à escola decidir que tipo de ser humano e de sociedade querem ajudar a construir. Como diz Freire (1997), não existe neutralidade em nenhuma ação humana. Sempre favorecemos ou contrariamos alguma ideologia.[a]

(4.3)
Diferentes abordagens do processo de ensino-aprendizagem

As reflexões que fizemos anteriormente tentaram estabelecer uma relação entre o ato de educar, o processo de construção do conhecimento e as implicações deste na formação dos indivíduos e da sociedade. Entretanto, além disso, é importante mencionar que essas diferentes formas de compreender como se dá a construção do conhecimento repercutem diretamente no processo de ensino-aprendizagem. Isto é, falar sobre o que é educação e para que serve educar implica reconhecer as diferentes possibilidades de aprender e de ensinar.

---

a. Para maior aprofundamento no assunto, sugerimos a leitura de Vasconcellos (2002); Morais (1986) e Freire (1997), além dos filmes *O sorriso de Mona Lisa* (2003) e *Mentes perigosas* (1995).

Você, leitor, quando ouve falar em PROCESSO DE ENSINO--APRENDIZAGEM, *que ideia lhe vem à cabeça?*

- *Um professor com uma postura autoritária falando para uma classe de alunos, instruindo-os com uma série de informações que deveriam ser absorvidas sem muitos questionamentos e/ou reflexões?*
- *Uma sala de aula com alunos independentes, organizados em grupos e motivados, discutindo e problematizando possíveis soluções para um desafio lançado pelo professor e que tem relação com a realidade?*
- *Um professor tentando desesperadamente fazer com que os alunos ouçam o que ele está tentando explicar, enquanto a turma conversa alto e brinca sem demonstrar o menor interesse pela aula?*
- *Alunos trabalhando individualmente em suas classes, sem conversar muito com os colegas e procurando na figura do professor o amparo necessário para sanar suas dificuldades cognitivas?*
- *Alunos organizados em grupos ou individualmente, em espaços alternativos de aprendizagem (biblioteca, computador, espaços interativos informatizados, sala de estudo, museus, em frente a um programa de TV educativo, numa roda de discussão), debatendo ideias e/ou pesquisando sobre determinado assunto, visando ampliar seus conhecimentos.*

Cada uma das situações mencionadas é possível no cotidiano escolar, pois, segundo Mizukami (1986), existem várias formas de se conceber o fenômeno educativo. Como é um fenômeno humano, histórico e multidimensional, no processo educacional estão presentes tanto a dimensão humana quanto a técnica, cognitiva, emocional, sociopolítica e cultural. De acordo com determinada teoria/proposta ou abordagem do processo de ensino-aprendizagem, privilegia-se um ou outro de seus aspectos.

A autora considera que cinco abordagens tenham, prioritariamente, influenciado o processo de ensino-aprendizagem no Brasil: tradicional, comportamentalista, humanista, cognitivista e sociocultural.

- HUMANISTA – A relação interpessoal é o centro, e a dimensão humana, o núcleo do processo de ensino-aprendizagem.
- COMPORTAMENTALISTA – A dimensão técnica é privilegiada, ou seja, os aspectos objetivos, mensuráveis e controláveis do processo educativo são enfatizados em detrimento dos demais.
- TRADICIONAL – **Subordina a educação à instrução,** considerando a aprendizagem do aluno como um **fim em si mesmo** (os conteúdos e as informações têm de ser adquiridos e os modelos, imitados).
- COGNITIVISTA – O ensino procura desenvolver a inteligência e priorizar as atividades do sujeito, considerando-o inserido em determinada situação social.
- SOCIOCULTURAL – Baseada nos pressupostos teóricos desenvolvidos por Paulo Freire, a educação é considerada um ato político, que visa ao desenvolvimento da consciência crítica do indivíduo, objetivando a transformação social. É por meio do diálogo, da cooperação e da união no grupo (alunos e professor) que se dará a construção do conhecimento.

Essas abordagens revelam diferentes possibilidades e diretrizes educacionais que poderão subsidiar a ação docente, mesmo considerando que a elaboração que cada professor faz delas é individual e intransferível.

> De qualquer forma, fica a pergunta para reflexão: O que realmente fundamenta a ação docente e qual a relação disso com a metodologia de trabalho desenvolvida em sala de aula?[b]

(4.4)
Como ensinar: um desafio ou muitos desafios?

A questão levantada anteriormente nos leva a pensar sobre como ensinar. A metodologia de ensino que o professor adota é a sua própria perspectiva sobre o ensino, que reflete o seu posicionamento e sua visão de mundo diante do processo de ensino-aprendizagem. Segundo Libâneo (1994), o processo de ensino caracteriza-se pela combinação de atividades do professor e dos alunos. A direção eficaz desse processo depende do trabalho sistematizado do professor que, tanto no planejamento como no desenvolvimento das aulas, conjuga objetivos, conteúdos, métodos e formas organizativas do ensino. Portanto, MÉTODO é o caminho para se atingir um objetivo, refere-se aos meios usados para alcançar **objetivos gerais e específicos de ensino, englobando ações a serem realizadas pelo professor e pelos alunos, mediados por um conteúdo.**

A definição dos objetivos, conteúdos e métodos tem como suporte uma concepção sociopolítica e pedagógica

---
b. Para obter mais informações sobre o assunto, consulte Mizukami (1986).

e, portanto, não se reduzem a quaisquer medidas, procedimentos ou técnicas. Eles decorrem de uma concepção de sociedade, homem e mundo que se deseja formar. Nesse sentido, antes de se constituírem como passos, medidas e procedimentos pedagógicos, os métodos de ensino se fundamentam numa forma de reflexão e ação sobre a realidade educacional, em fatos e problemas a respeito dos conteúdos de ensino, de modo a vincular a todo momento o processo de conhecimento à atividade prática humana no mundo. Em resumo, "os métodos de ensino são as ações do professor pelas quais se organizam as atividades de ensino e dos alunos para atingir os objetivos de trabalho docente em relação a um conteúdo específico" (Libâneo, 1994, p. 152).

Diante de tantos questionamentos que a escola vem sofrendo nos últimos tempos, fica a pergunta: Como ensinar dentro uma concepção de ensino que possibilite o desenvolvimento pleno do indivíduo? E qual é o papel da escola, do professor e do conhecimento diante de todas essas modificações que vêm ocorrendo no mundo atual?

A representação que normalmente o professor tem de sua tarefa é a de que deve desenvolver determinados conteúdos, ou seja, transmitir um conjunto organizado de informações consideradas socialmente relevantes para a formação das novas gerações. Até aí tudo bem. Mas o dilema começa quando o profissional da educação precisa escolher a forma de desenvolver essa tarefa.

Vasconcellos (2002) apresenta uma série de propostas metodológicas (juntamente com algumas problematizações) que nos ajudam a compreender as diferentes maneiras de ensinar.

Vamos (re)visitar algumas propostas metodológicas

- METODOLOGIA EXPOSITIVA – A estrutura básica dessa metodologia se concentra na apresentação, pelo professor, o mais clara, lógica e objetiva possível do tema em estudo, procurando trazer aos alunos os elementos mais importantes para compreedê-lo. A aula se resume em: apresentação do assunto, resolução de um exercício ou apresentação de exemplos a serem seguidos, e proposição de exercícios para os alunos resolverem. Não existe uma apropriação crítica, criativa, significativa e duradoura do assunto, pois, quando o professor questiona os alunos, é apenas para saber se a informação foi bem decodificada. Não há uma maior preocupação com a compreensão significativa e com a construção do conhecimento por parte destes. Muitas vezes, essa proposta metodológica vem precedida por algumas atividades ditas *modernas ou diferentes*, mas a essência é sempre a mesma: o aluno aprende por ouvir o professor.

- EXPOSIÇÃO DIALOGADA – É uma estratégia de ensino que também pressupõe a exposição em aula; no entanto, o professor traz os elementos da cultura num contexto que media diferentes visões de mundo, desafiando o estabelecimento de contrapontos. O professor pode favorecer a atitude de análise-síntese do aluno diante das informações, solicitando que destaque as ideias principais do texto; problematize as informações apresentadas (aponte limites, incoerências, discordâncias); faça relação com a prática e com outros estudos realizados; expresse as ideias com as suas palavras. O importante, aqui, não é questionar se cabe ou não a exposição do professor em aula, mas sim se essa exposição entra no momento certo e de maneira adequada, isto é, quando o aluno está preparado para estabelecer as devidas relações sobre o assunto. Nessa modalidade de trabalho, é imprescindível que o professor desenvolva a atitude da escuta; quando se fala em *diálogo*, deve-se ter respeito às ideias dos alunos, tempo e interesse para ouvi-las, visando localizar a necessidade de apenas acompanhar a construção destes ou qualificar a sua intervenção.

- EXPOSIÇÃO PROVOCATIVA – Essa é uma proposta metodológica que organiza o trabalho pedagógico da seguinte forma: o professor coloca o problema a ser discutido; realiza uma exposição posicionada e estimulante; momento de confronto e problematização por parte dos educandos, reunidos em grupo (por exemplo); confronto educador-educando (objetivando superar a proposição inicial das ideias sobre o assunto). Em outras palavras, parte-se de uma situação-problema, provocando-se a discussão entre os alunos, para depois fazer uma síntese, contemplando as ideias discutidas e as ideias levantadas nos textos que subsidiaram as discussões. Para desafiar o pensamento autônomo do aluno, o professor pode solicitar que o aluno: explique de outra forma; transfira o conhecimento para outras situações que não aquela estudada; identifique contradições com outras informações.
- TRABALHO POR PROJETOS – Essa proposta parece ter sido uma das mais indicadas para a renovação metodológica, uma vez que apresenta uma possibilidade concreta de superar uma série de problemas da prática tradicional,

como: passividade dos alunos; distanciamento entre o objeto do conhecimento e os interesses dos educandos; desarticulação do ensino com a realidade; o não desenvolvimento da autonomia e da iniciativa nos alunos. Possui a seguinte estruturação básica: definição do(s) tema(s)-problema; constituição dos grupos de trabalho; trabalho de campo; pesquisa e teorização; produção de registros; apresentação e avaliação. Nessa modalidade, o aluno tem a possibilidade de ir construindo as relações desde as mais elementares até o conhecimento mais elaborado, ou seja, a descoberta.

- METODOLOGIA DIALÉTICA – Numa perspectiva dialética, a construção do conhecimento vai do abstrato para o concreto, num percurso que parte da síncrese para a síntese, mediado pela análise. Nesse sentido, a metodologia dialética é uma proposta metodológica que estrutura o trabalho pedagógico de sala de aula em três dimensões: a mobilização para o conhecimento, a construção do conhecimento e a elaboração e expressão da síntese do conhecimento.
  - MOBILIZAÇÃO PARA O CONHECIMENTO – É o momento pedagógico que possibilita estabelecer o vínculo inicial do sujeito com o objeto; tem por objetivo desequilibrar, gerar a necessidade de explorar o objeto, de conhecê-lo, permitindo um primeiro contato com o objeto e a elaboração das primeiras representações mentais sobre ele.
  - CONSTRUÇÃO DO CONHECIMENTO – Coloca o educando em conflito na relação com o objeto a ser conhecido; é um segundo nível de interação; provoca o estabelecimento de relações cada vez mais totalizantes com o assunto a ser estudado.

- ELABORAÇÃO E EXPRESSÃO DA SÍNTESE DO CONHECIMENTO – Implica a elaboração e expressão da síntese do conhecimento; envolve a sistematização dos conhecimentos e a sua expressão; auxilia o professor a conhecer em que momento do processo o aluno se encontra.

Fonte: adaptado de Vasconcellos, 2002.

O ensinar e o aprender, nos diferentes momentos históricos, mantiveram-se intimamente ligados a uma visão social, ou seja, foram usados para se ganhar espaço e projeção na sociedade. No entanto, raramente se manifestam como um fim em si mesmo: ou são usados como instrumentos de manutenção de uma certa ordem social e econômica ou servem como meio de transformação dessa estrutura. Não existe neutralidade na ação educativa, como não existe neutralidade em nenhuma ação humana. Ou se está atuando a favor de certa ideologia ou contra ela.

(.)

Ponto final

Com este texto, procuramos estimular algumas reflexões sobre o que é educação, a função do ato de educar e as implicações disso nos processos de ensino-aprendizagem e na formação dos indivíduos. Transitamos por diferentes formas de organizar o trabalho pedagógico, desde a perspectiva tradicional até a perspectiva dialética da construção do conhecimento. No entanto, alguns equívocos precisam ser esclarecidos, sob pena de entrarmos em

MODISMOS PEDAGÓGICOS que deixam o processo de ensino-aprendizagem sem direção. É preciso tomar cuidado para não sair de uma metodologia tradicional e cair no vazio, no ACHISMO, em que o aluno-cliente sempre tem razão. A figura do professor não é mais a mesma de 50 anos atrás. Ela começa a ser questionada, não em sua importância, mas no que se refere à sua postura perante os alunos e o processo de ensino-aprendizagem. Hoje, o professor já não é mais considerado a PERSONIFICAÇÃO DO SABER. Abandonou o mito para assumir o papel de ser humano em formação, capaz de errar, mas também de encantar. O aluno também já não chega mais CRU DE SABERES à escola ou a qualquer outro espaço não formal. Ao contrário, ele já entra no espaço com muitos conhecimentos, que precisam ser ouvidos, respeitados e problematizados. Nesse sentido, o professor assume o papel de mediador do conhecimento e, muito mais do que dar respostas, deve-se propor a fazer perguntas, e perguntas inteligentes.

Por outro lado, ao se considerar e valorizar os saberes prévios dos alunos, não se pode cair na ilusão de que eles os transformarão sozinhos em conhecimento. O professor tem o papel de provocar o estabelecimento da ponte entre a informação e a construção do conhecimento, fazendo-se valer dos saberes prévios do aluno e de sua leitura de mundo para que, paulatinamente, este vá avançando e construindo, pela redescoberta, o seu conhecimento.

Freire (2000) disse que, na verdade, não é a educação que forma a sociedade, mas a sociedade que, formando-se, constitui a educação de acordo com seus valores, não como um processo mecânico, mas conforme seus interesses e sempre envolvida em uma relação de poder. Na dinâmica neoliberal, as práticas pedagógicas da educação são, essencialmente, instrumentos das relações sociais, do poder, do domínio do capital, da lógica do mercado, da esfera econômica sobre as outras esferas da vida. Contudo, e apesar disso, acreditamos que as pessoas se constituam, individual e coletivamente, em algo além desses interesses. Estas se produzem nos processos contraditórios, são instituídas e instituintes e o futuro não está definido *a priori*. Comungamos com Freire (2000, p. 59) quando ele nos dizia, com muita clareza e simplicidade, que "o ser humano é, naturalmente, um ser de intervenção no mundo, a razão de que faz a história. Nela, por isso mesmo, o ser humano deve deixar suas marcas de sujeito e não pegadas de puro objeto".

As escolas, bem como outros espaços educativos, na sua concretude, são terrenos de trabalho e, portanto, de vida, em que os sujeitos se constroem e se (des)constroem como seres humanos de seu tempo histórico. Queremos dizer que, nesse **espaço e tempo, coexistem, confrontam-se e redefinem-se** diferentes possibilidades e limites de humanização. É uma relação social marcada pela contradição e, assim, reveladora de capacidades múltiplas de respostas e de sinais de seres humanos, que, como sujeitos, são capazes de criar movimentos para a construção de projetos alternativos, visando **à formação de cidadãos democráticos e emancipados**.

Nesse processo de criação e recriação, a função do professor hoje é provocar, dispor de elementos e objetos para que o educando os confronte com seus saberes prévios; saber mediar o conhecimento sistematizado com o pensamento do aluno, desafiando-o a expressar suas compreensões e a construir uma consciência crítica sobre o mundo que o rodeia; contribuir para que o aluno seja sujeito de sua própria aprendizagem e da sua história de vida.

Atividade

A metodologia expositiva é legitimada pela prática da transmissão de conteúdos. Você concorda com isso? Por que isso ocorre? Discuta essa questão com seus colegas.

(<u>5</u>)

A expansão do terceiro setor:
um caminho sem volta?

Taís Schmitz

A organização capitalista se constitui e é estudada por meio da base epistemológica do funcionalismo e do estruturalismo. Dessa forma, tenta-se colocar as pessoas à sombra, ainda que essa organização seja dependente da força de trabalho e do trabalho delas. O sujeito e o objeto das ações são as pessoas, as quais são formadas por **objetividades e subjetividades** que são visíveis à luz e por alguns aspectos que são invisíveis, sombras.

Nesse contexto, o mercado começa a ser invadido por ações de responsabilidade social e passa a ver nas organizações sem fins lucrativos canais para realizar investimentos do setor privado empresarial na área social, ambiental e cultural etc. O chamado *terceiro setor* ou *quinto poder* está iniciando um processo de expansão, saindo dos muros das organizações não governamentais (ONGs) e ocupando novos espaços de atuação por meio do estabelecimento de parcerias.

(5.1)
O terceiro setor como possibilidade

O campo de atuação do terceiro setor está "encharcado" pelas subjetividades que se encontram visíveis e invisíveis na cultura e no comportamento das parcerias entre o setor público e o privado, integrando os processos de gestão nas organizações. Essas organizações são territórios constituídos por relações sociais. O contexto organizacional produz e é produzido organicamente pela interação com o mundo das pessoas, das comunidades, dos governos, das cidades, das sociedades. Dessa forma, ao mesmo tempo, influencia e é influenciado, constitui e é constituído pelos processos de produção e reprodução dos indivíduos e de suas relações com os outros por meio do trabalho desenvolvido.

O terceiro setor, ou quinto poder, pode ser entendido da seguinte forma:

> *Iniciativas privadas que não visam ao lucro; iniciativas na esfera pública que não são feitas pelo Estado. Nem empresa*

nem governo, mas sim cidadãos participando, de modo espontâneo e voluntário, em um sem-número de ações que visam ao interesse comum. Um terceiro setor – não lucrativo e não governamental – coexiste hoje, no interior de cada sociedade, com o setor público estatal e com o setor privado empresarial. (Fernandes, 1994)

Marcado pela contradição, esse setor revela as múltiplas capacidades de homens e mulheres para criar movimentos relacionados a projetos alternativos de educação não formal, incentivando e criando espaços mais democráticos com o objetivo de buscar a emancipação dos sujeitos envolvidos.

As organizações não governamentais (ONGs) constituem um grupo diverso e multifacetado. Suas perspectivas e suas áreas de atuação podem ser locais, regionais ou globais. Algumas se dedicam a determinadas questões ou tarefas; outras são movidas pela ideologia. Algumas visam ao interesse público em geral; outras têm uma perspectiva mais estreita e particular. Tanto podem ser pequenas entidades comunitárias cujas verbas são escassas, como organizações de grande porte, bem dotadas de recursos humanos e financeiros. Algumas atuam individualmente; outras formaram redes para trocar informações e dividir tarefas, bem como ampliar seu impacto. (Comissão..., 1996)

Cada vez mais o terceiro setor e, principalmente, as ONGs estão intimamente ligados ao processo de desresponsabilização do Estado, o que vem se legitimando por meio da implementação de trabalhos voluntários, organização de associações beneficentes de cunho filantrópico, entre outras ações, pela sociedade civil, que substituem as políticas públicas, de responsabilidade do Estado.

Uma política de educação é mais abrangente do que a legislação proposta para organizar a área. Realiza-se também pelo planejamento educacional e financiamento de programas governamentais, em suas três esferas, bem como por uma série de ações não governamentais que se propagam, com informalidade, pelos meios de comunicação. Realiza-se, para além desses espaços, por meio da difusão de seu ideário pelas publicações oficiais e oficiosas. (Shiroma; Moraes; Evangelista, 2002, p. 87)

Como qualquer tema polêmico e que gera muita discussão, as políticas públicas envolvem mediações complexas: sociais, econômicas, culturais e políticas, ou seja, atores/forças/classes sociais que se movimentam e disputam a hegemonia nas esferas estatal e privada. Dessa forma, concordamos com Drucker (1995), quando afirma que valorizar a corresponsabilidade dos cidadãos não implica desobrigar o Estado e seus representantes de suas responsabilidades; implica, isso sim, perceber que a parceria entre governo e sociedade é, de fato, a mola propulsora da convergência de recursos para ações de interesse público. Hoje, não se pode mais ter o exercício da vivência democrática sem exercer a ação fiscalizadora em todos os âmbitos da administração pública.

(5.2)
Pedagogo para quê?

A pedagogia se ocupa da educação intencional, seja num espaço formal, seja num espaço não formal, propondo-se a investigar fatores que contribuem para a construção e a reconstrução do conhecimento humano produzido dentro de um contexto social.

Para Libâneo (2002), a pedagogia é um campo de estudo com identidade e problemáticas próprias, e podemos dizer resumidamente que o objetivo da ação pedagógica se configura na relação entre os elementos da prática educativa: o sujeito que se educa, o educador, o saber e os contextos em que o processo de ensino-aprendizagem ocorre. Além disso, a pedagogia é globalizante, pois não só se ocupa dos processos educativos, métodos e modos de ensinar, mas, sobretudo, da educação na sua totalidade, concretude e historicidade.

Desde a primeira regulamentação do curso de Pedagogia, em 1939 – época em que o bacharel era chamado de *técnico da educação* – até as mudanças realizadas em 2006, com a implantação das Diretrizes Nacionais para o Curso de Pedagogia, diferentes conceitos foram atribuídos ao pedagogo. Acreditamos que esse profissional está passando por uma metamorfose e se (re)descobrindo como um sujeito importante no âmbito educativo, pois seus conhecimentos são alicerçados nas demais ciências da educação, uma vez que é o profissional que atua em várias instâncias da prática educativa.

Segundo Libâneo (2002), a pedagogia da primeira década do século XXI vive um grande paradoxo. Por um lado, ela está em evidência e parece que os meios de comunicação, as ONGs, enfim, a sociedade, a redescobriu, a ponto de se falar em uma sociedade pedagógica e de se voltar a considerar a educação o redentor da humanidade. Por outro lado, essa mesma pedagogia está caindo em desuso na fala dos intelectuais e dos demais profissionais do meio educacional formal.

Em uma visão verdadeiramente crítica do ensino, do ponto de vista histórico-social, constata-se que o pedagogo está cada vez mais sendo necessário no espaço não formal da educação, principalmente em ONGs, que desenvolvem projetos de resgate da cidadania com a parcela dos excluídos e marginalizados da nossa sociedade. Nas palavras de Gramsci (1978, p. 47), "A possibilidade não é realidade, mas é, também ela, uma realidade: que o homem possa ou não fazer determinada coisa, isto tem importância na valorização daquilo que realmente se faz. Possibilidade quer dizer liberdade."

O pedagogo se tornou um dos sujeitos que compõem as equipes multidisciplinares que pensam e implementam os projetos destinados a incentivar os indivíduos das comunidades em que as ONGs estão inseridas a ocupar seu lugar como sujeitos da história, aqueles que reconhecem seus pares e, juntos, assumem-se como construtores da história, que é algo vivo, orgânico. Assim, começa-se a vislumbrar uma nova via de democratização do conhecimento historicamente construído e a tessitura de uma sociedade que vise ao SER em detrimento do TER, que tenha uma fraterna solidariedade.

(.)

Ponto final

As novas demandas e necessidades geradas pelo avanço das ciências, da tecnologia e da informação estão alterando drasticamente o perfil do pedagogo em relação ao mundo do trabalho. A EXPERIÊNCIA E O SABER ACADÊMICO TRADICIONAL, que foram as FERRAMENTAS de trabalho até os anos 1990, estão sendo substituídos pela chamada *performance*, pela capacidade de aplicação prática das teorias, pelas habilidades e competências. De agora em diante, a FERRAMENTA É O TRABALHO EM EQUIPE, valorizando-se o conhecimento decorrente de uma aprendizagem permanente e a capacidade de gerar mudanças. Mesmo que não nos subordinemos a uma lógica de necessidades ditadas pelo mundo da tecnologia, são inegáveis as alterações ocorridas e, mais que isso, essas mudanças podem e devem ser orientadas para e pelas necessidades sociais.

Partindo-se da afirmação de que "educar é procurar incansavelmente a evidência e o sentido da realidade, mesmo quando ambos sejam tecidos pela ambiguidade" (Freire, 2002, p. 24), podemos constatar que o conhecimento – daí a importância do trabalho do pedagogo – tem por intuito propor questões, debater conceitos já existentes, já que se fundamenta em buscar novos paradigmas, sendo estes inventados ou fabricados para suprir as necessidades do ser humano surgidas na sua evolução por meio do processo educativo. Desde a Antiguidade até os dias atuais, o homem é apenas um dos elementos integrantes de um conjunto infinito de seres que compõem essa realidade, e é por meio da razão, entrelaçada com o sentir, o querer e o agir, que ele toma conhecimento da realidade, percebendo os fatos na sua complexidade e sendo capaz de fazer a sua história e fazer história, HISTORICIZAR-SE.

As pessoas que pertencem a determinada comunidade conhecem melhor seus interesses, e as decisões tomadas serão mais eficientes se estes forem levados em consideração pelos governantes. Por fim, o fomento à participação, ao efetivo engajamento do cidadão, pode promover a eficiência, aumentar a produtividade e auxiliar no alcance dos objetivos da educação, porque pode despertar o compromisso com a comunidade e com o *ethos* cultural.

A relação entre luz e sombra, conforme a discussão proposta por Moscovici (2003), leva-nos a compreender como determinada ideia vai se legitimando e como alguns aspectos podem, intencionalmente, serem postos à luz, e outros, deixados à sombra. No entanto, na realidade coexistem o claro e o escuro, o visível e o invisível, o formal e o não formal. São as intencionalidades de quem olha, de quem analisa e interpreta que colocam determinados aspectos em evidência e deixam obscurecidas as correlações de força estabelecidas.

Atividades

1. Visite uma ONG da sua cidade, conheça o espaço físico da instituição e pergunte sobre seu funcionamento, sua finalidade e se existe um pedagogo na equipe. Em seguida, organize um seminário com seus colegas para que cada um tenha a oportunidade de relatar e compartilhar suas descobertas.
2. Construa um texto respondendo às seguintes perguntas: A expansão do terceiro setor é um caminho sem volta? Você acredita que as ONGs são necessárias? Por quê? Em seguida, em conjunto com seus colegas, escreva um pequeno artigo sobre essa questão e tente publicá-lo no jornal de sua cidade. Aceite esse desafio!

(6)

Pedagogia: a educação para e no trabalho

Aline Lemos da Cunha possui doutorado em Educação (2010) pela Universidade do Vale dos Sinos (Unisinos), mestrado em Educação (2005) pela Universidade Federal de Pelotas (Ufpel) e graduação em Pedagogia, Magistério das Séries Iniciais (1998) pela Fundação Universidade Federal do Rio Grande (Furb). Tem experiência na área de educação, com ênfase em educação popular, atuando principalmente nos seguintes temas: educação de adultos, etnias negras, epistemologia feminista e formação de professores.

Aline Lemos da Cunha

Para tratar da educação do trabalhador, vale a pena recorrer aos princípios da EDUCAÇÃO NÃO FORMAL e da EDUCAÇÃO POPULAR, pois há muito essa temática vem sendo vinculada a esses dois campos teóricos. Embora a **definição de** FORMAL e NÃO FORMAL esteja ainda em discussão, pois, no que diz respeito a esse assunto, as fronteiras são muito tênues, vale a pena considerar tais conceitos. Entendemos aqui por *FORMAL* toda prática educativa que se realiza em ambientes formais de instrução, como escolas e universidades, e por *NÃO FORMAL* aquela que, de alguma maneira, tem instituições que a cercam, sem que, porém, uma se sobressaia à outra[a].

O que isso significa? Vamos refletir: digamos que estamos em uma fábrica em que os trabalhadores estão sendo alfabetizados. A alfabetização ocorre em meio às máquinas ou numa sala em separado. A tendência é dizermos que essa é uma prática de educação não formal. Outros já diriam que é formal, pois se realiza no interior da fábrica, no local de trabalho dos aprendentes, e, de certa forma, segue as regras e características do lugar. Sustentaremos aqui a ideia do não formal, pois, justificando o que foi dito, as regras da fábrica e da escolarização podem ser modelos que se entrecruzam no ambiente das aulas, mas não se sobressaem ao espaço educativo, convivem com ele ou o compõem. Caberia uma análise mais profunda do lugar se houvesse a necessidade de descrevê-lo com base nesses dois conceitos apresentados.

Após essas considerações iniciais, pensamos ser oportuno dizer por onde caminharemos neste capítulo. Apontaremos neste texto a discussão da educação no que diz respeito à atuação do pedagogo em ambientes não formais.

Primeiramente, levantaremos algumas questões referentes aos conceitos de EDUCAÇÃO NÃO FORMAL e EDUCAÇÃO POPULAR, os quais se encontram na base dessa discussão. Na sequência, faremos uma breve leitura dos processos de alfabetização nesses espaços, já que, ainda hoje, são práticas bastante recorrentes. Apontaremos algumas referências sobre esse processo, principalmente o legado teórico de Paulo Freire. Por fim, no âmbito do trabalho e da pedagogia,

---

a. Normalmente, quem utiliza o aporte teórico da educação popular são os espaços não formais, mas necessariamente não se restringe a eles.

faremos algumas considerações sobre uma experiência com educação de jovens e adultos no ambiente de trabalho desenvolvida há alguns anos.

(6.1)
Educação popular e educação não formal

Algumas das referências usadas pelos pedagogos para consolidarem uma prática educativa com trabalhadores em seu ambiente de trabalho, ou outros espaços onde seja possível conviver e educar-se, relacionam-se aos teóricos que se dedicaram a formular um sólido legado sobre a educação popular.

Herbart[b] (1776-1841), um dos autores clássicos da pedagogia, realiza uma distinção bastante significativa entre INSTRUÇÃO e EDUCAÇÃO. Para o pensador alemão, a instrução constitui-se num processo de aquisição e acumulação de conhecimentos. Já a educação seria um processo de formação moral e cívica – a estruturação interna e externa da personalidade. Esses dois conceitos, para esse autor, eram os grandes meios para o educador cumprir a sua missão: instruir e educar moralmente, ou seja, formar. Segundo ele, não existe educação sem instrução e vice-versa (Herbart, 2003).

---

b. Filósofo alemão que se preocupou em consolidar o *status* científico da pedagogia e desenvolveu teorias sobre educação. Para Ghiraldelli Junior (2004, p. 10), "Herbart não separa ciência e pedagogia; ao contrário, é exatamente ele o formulador, em nossos tempos, da ideia da 'pedagogia como ciência da educação'".

De modo semelhante, para José Martí (1853-1895), revolucionário cubano, a instrução não é o mesmo que educação (Martí, 2007). Para ele, em seu tempo, a instrução se referia ao pensamento e a educação, aos sentimentos. Sendo assim, para ele "não há boa educação sem instrução. As qualidades morais sobem de preço quando estão realçadas pelas qualidades inteligentes" (Martí, 2007, p. 47). Embora não pensasse em uma educação para as elites, como Herbart, suas ideias assemelham-se nesse sentido, sendo recorrentes ao longo do século XIX.

Ainda segundo Martí (2007), a educação popular não significa, exclusivamente, a educação da classe pobre. Significa considerar que todos, homens e mulheres, têm direito à educação e à instrução, pois "o saber sempre vale o mesmo e sempre muito" (Martí, 2007, p. 47), diferentemente de qualquer outra aquisição, que pode ser perdida ou saqueada. Para esse autor, todo homem, e aqui também diria que toda mulher, tem direito à educação desde o momento do seu nascimento. Salienta ainda que, por essa razão, o DEVER dos homens (e das mulheres) é contribuir para a educação dos demais. Portanto, a educação popular sugere a partilha, a socialização do conhecimento, isso tanto por parte do educador que se irmana aos educandos na tarefa de educar quanto entre os educandos em seu grupo específico.

Esse filósofo cubano salienta que o povo se torna escravo[c], subjugado, pois, ignorante, pode ser facilmente

---

c. Aqui, o termo *escravo* vai além daquilo que conhecemos por escravidão, como, por exemplo, a escravidão dos negros no Brasil. Martí (2007) aqui está se referindo à adesão pacífica de um povo aos mandos e desmandos de outro, que se julga superior. Dessa forma, podemos compreender que esses processos também ocorrem no interior de um mesmo povo, em que existem "dominantes" e "dominados", fruto de uma sociedade classista.

enganado. Para ele, "um povo instruído será sempre forte e livre". Se o melhor caminho para lutarmos por nossos direitos é conhecê-los bem, a contribuição desse teórico nos ajuda a perceber que, como pedagogos, precisamos nos engajar na luta empreendida pelos trabalhadores em todo o Brasil, para a conquista do direito de uma educação de qualidade e, realmente, para todos.

Carlos Rodrigues Brandão (2006) salienta três aspectos fundamentais no que diz respeito à educação popular: como saber da comunidade, como ensino público, como educação das classes populares.

Quanto ao primeiro aspecto, destaca o fato de que os seres humanos, para continuarem existindo, precisam lançar mão dos conhecimentos que, ao longo da história da humanidade, foram sendo acumulados. Os saberes fazem parte da vida. Em determinado momento da história, porém, houve uma divisão social dos saberes, uma hierarquização deles, e os conhecimentos de uns foram relegados a segundo plano. Mais do que isso, determinados saberes foram completamente sufocados por outros. Ingressa nessa discussão o que Brandão (2006) destaca no segundo aspecto: a luta por uma educação pública, de qualidade e para todos. Por quê?

Segundo Brandão (2006), quando alguns intelectuais da área da educação abordam o tema "educação popular", consideram-no "alguma modalidade agenciada e profissional de extensão dos serviços da escola"; assim, "educação popular denomina os tempos e tipos de luta de políticos e intelectuais para que uma tal educação escolar seja de algum modo estendida ao povo". No entanto, para além disso, os que se envolvem com a educação popular, aqueles educadores que se mantêm firmes em seus princípios, buscam, a partir desse campo, problematizar e superar os aspectos que tornam o ensino e a aprendizagem práticas autoritárias e descontextualizadas para os envolvidos. Sendo assim, emerge uma proposta de REESCREVER a prática pedagógica do ato de ensinar e aprender, que surge para levar à reflexão sobre o sentido político do lugar da educação e seu compromisso com a emancipação dos homens e das mulheres por meio do conhecimento.

A atividade pedagógica no ambiente de trabalho de quem aprende, a que já nos referimos, além do que diz respeito à educação popular, remete-nos ao que denominamos de *educação não formal*. Para Maria da Glória Gohn (2001), até a década de 1980, o campo da educação não formal era considerado MENOR, tanto no que se refere às políticas públicas para o setor quanto no que diz respeito à opinião dos próprios pedagogos sobre ele. Uma das causas para esse ponto de vista era o fato de que a educação não formal era vista como uma simples extensão da educação formal – o limite era estar fora dos muros da escola.

> *Na maioria das vezes, entretanto, tratavam-se de programas ou campanhas de alfabetização de adultos cujos objetivos transcendiam a mera aquisição da compreensão da leitura e da escrita e se inscreviam no universo da participação sociopolítica das camadas populares, objetivando integrá-las no contexto urbano-industrial.* (Gohn, 2001, p. 91)

A partir dos anos 1990, a educação não formal passou a ter maior destaque, em decorrência das mudanças na economia, na sociedade e no mundo do trabalho. Gohn (2001) salienta que ela tem, na atualidade, quatro dimensões:

1. aprendizagem política por meio da participação em **atividades grupais (um conselho, por exemplo);**
2. capacitação dos indivíduos para o trabalho (potencialidades);

3. aprendizagem e exercício da coletividade (educação para a civilidade);
4. aprendizagem dos conteúdos da escolarização formal em espaços diferenciados (acesso aos conhecimentos socialmente acumulados).

Gohn (2001) ainda ressalta que a educação desenvolvida na mídia e por meio dela também está inserida no campo da educação não formal, bem como a educação para a vida ou para a arte do bem viver (como evitar a lesão por esforço repetitivo – LER, o *stress* ou como conviver com eles).

Para essa autora, o fato de alguns teóricos considerarem como informal "o aprendizado de conteúdos não escolares, em espaços associativos, movimentos sociais, ONGs etc." é inadequado e depreciativo, pois dá margem à ideia de que os acontecimentos fora da escola perdem seu caráter educativo.

Por isso, os pedagogos que atuam com trabalhadores em seus ambientes de trabalho em processos formativos precisam estar atentos para a necessidade de transcender aquilo que está posto como "conteúdo", percebendo que a própria vida e as relações de trabalho são CONTEÚDOS, mesmo que não sejam abordados em ambientes formais de instrução.

A educação não formal é criada e recriada em espaços múltiplos, incluindo o próprio ambiente de trabalho. O tempo da aprendizagem nessa abordagem não é, usualmente, fixado antecipadamente, sendo respeitadas as diferenças para a absorção e reelaboração dos conteúdos, implícitos ou explícitos, no processo de ensinar e aprender (Gohn, 2001). Portanto, tendo em vista esses aspectos, o pedagogo precisa estar atento para o fato de que os conteúdos surgem dos objetivos do grupo, e sua operacionalização tem diferentes dimensões.

Gohn (2001) aponta alguns dos campos de atuação e algumas problemáticas que envolvem esse tema. Comumente, mesmo quando apenas o ambiente é substituído, transferindo-se a sala de aula da escola para outro lugar, afirma-se que há uma inserção em práticas não formais de educação. Para exemplificar, pensemos na alfabetização de adultos trabalhadores em seu ambiente de trabalho. É necessário um desprendimento das sequências cronológicas rígidas e inflexíveis dos conteúdos, pois os tempos são compartilhados de outra forma e os conteúdos devem ser adaptados segundo as realidades vivenciadas pelos educandos.

Esse processo educativo ocorre em espaços alternativos, que têm como objetivo principal a cidadania na coletividade. Porém, essa é uma linha muito tênue, pois, muitas vezes, os métodos nem sempre são tão inovadores quando se almeja. Por vezes, são cópias fiéis dos métodos tradicionais e, além disso, mesmo sendo voltados para adultos, tendem a ser infantilizados. Da mesma forma, os espaços, apesar de diferentes, muitas vezes não são diferenciados, pois imitam fielmente os ambientes formais de instrução, e o legado da educação popular, que poderia ser um dos fundamentos do processo educativo, é desconsiderado.

Gohn (2001) ainda destaca que "a aprendizagem se dá por meio da prática social. É a experiência das pessoas em trabalhos coletivos que gera um aprendizado". No que diz respeito ao conhecimento, a autora afirma que este "é gerado por meio da vivência de certas situações-problema", desafios que considerem aquilo que os educandos trazem de suas experiências e desejam partilhar. Nesse aspecto, podemos dizer que a criatividade humana passa pela educação não formal, pois *as ações interativas entre os indivíduos são fundamentais para a aquisição de novos saberes, e essas ações ocorrem fundamentalmente no plano da comunicação verbal, oral, carregadas de todo o conjunto de representações e tradições culturais que as expressões orais contém.* (Gohn, 2001)

Vale destacar que, ao refletirmos sobre a educação não formal, pensando-a como uma das referências para uma educação do trabalhador, precisamos atentar para a questão das metodologias e dos modos de funcionamento dos encontros, por serem estes aspectos dos mais relevantes no processo de ensinar e aprender. Havendo uma articulação bastante visível entre educação formal e não formal, esse entrelaçamento faz com que, muitas vezes, não consigamos distingui-los na observação de alguns processos educativos empreendidos em nossa sociedade.

Fica cada vez mais claro que o que ainda as distingue é a vinculação institucional, mas algumas das organizações ditas *não formais*, na realidade, são mesmo formais, pois a institucionalidade se torna a referência.

(6.2)
Alfabetização de adultos

Uma das experiências educativas com trabalhadores mais conhecidas em nosso país, com abrangência na América Latina e em outros países do mundo, é a que envolve as práticas de alfabetização de adultos descritas nas obras de

Paulo Freire[d]. Ele acreditou sempre na formação humana, com a crença de que homens e mulheres poderiam emancipar-se e fazer história, não sendo apenas levados por ela pacificamente. Para Freire (2000, p. 254), citado por Gadotti:

> O problema que se põe àqueles que, mesmo em diferentes níveis, se comprometem com o processo de libertação, enquanto educadores, dentro do sistema escolar ou fora dele [...] é saber o que fazer, como, quando, com quem, para que, contra que e em favor de quê. Por isto, ao tratar, em diferentes oportunidades [...] o problema da alfabetização de adultos, jamais a reduzi a um conjunto de técnicas e de métodos [...] o que se me afigura como fundamental é a clareza com relação à opção política do educador ou da educadora, que envolve princípios e valores que ele ou ela assumir. Clareza com relação a um "sonho possível de ser concretizado".

A alfabetização de jovens e adultos representa muito mais que só o domínio dos códigos da escrita pelos alfabetizandos e, para o alfabetizador, é mais do que simplesmente ENSINAR a ler e escrever. Segundo Fiori (2005, p. 8), "talvez esse seja o sentido mais exato da alfabetização: aprender a escrever a sua vida, como autor e como testemunha de sua história, isto é, biografar-se, existenciar-se, historicizar-se". A alfabetização, portanto, representa a própria busca de identidade e de reconhecimento, tanto individual como social e político. No momento em

---

d. "Nascido no Recife, foi professor de língua portuguesa. Freire era bacharel em Direito, mas nunca exerceu a profissão. Atuou no Departamento de Educação e Cultura do Sesi/PE, onde foram desenvolvidas suas primeiras experiências com educação de trabalhadores. Sua forma de ensinar adultos a ler e escrever ganhou forma na década de 60, através do Movimento de Cultura Popular do Recife. Paulo Freire é um dos maiores educadores deste século" (Gadotti, 2000).

que domina o código escrito, o alfabetizado tem acesso a outros campos, que antes lhe eram cerceados.

Os anseios e as necessidades que impulsionam um adulto a aprender a ler e a escrever são a própria necessidade que ele tem de existir no mundo. As pessoas que participam dos encontros, mesmo que já tenham uma noção de leitura e escrita, mais do que ser fluentes nelas, buscam satisfazer à necessidade de participar de um grupo, de integrar um coletivo, compartilhando suas experiências, o que, muitas vezes, fora do contexto da turma de alfabetização, não conseguem.

Nesta altura do texto, após essas discussões sobre o papel do pedagogo, é oportuno dialogar, mesmo que em breves palavras, sobre a formação de educadores populares. Muito se fala nesse profissional, mas nem sempre estão presentes algumas referências ou se refletem sobre elas para que saibamos de quem ou de que prática estamos falando. Podemos buscar em Freire algumas considerações sobre esses indivíduos que, embora desprovidos de formação pedagógica academicamente consolidada, desempenham em suas comunidades a tarefa de ensinar, o que também ocorre quando o assunto é educação do trabalhador. Nas mais variadas "disputas de território", em vez de dialogarem, os espaços onde estão as práticas educativas formais e não formais se distanciam até o ponto de se tornarem opostas.

Podemos considerar que Freire, com base na percepção do distanciamento entre o saber acadêmico e o saber popular e nas referências para discussão da escola como um espaço de produção de saberes gestados por uma elite dominante que se interessava em manter seu *status*, não via nesse espaço, num primeiro momento, os ingredientes necessários para a conjugação de dois elementos indispensáveis à educação: formação técnica e formação política. Ele mesmo destacou que a prática educativa que não dá o preparo técnico ao educando e trabalha apenas a politicidade da educação é falsamente progressiva. Não é possível separá-los: "é exatamente isso que sempre interessou às classes dominantes: a despolitização da educação. Na verdade, a educação precisa tanto da formação técnica, científica e profissional quanto do sonho e da utopia" (Freire, 2005).

Quem sabe se, com essas referências, seja possível compreender o que gerou o abismo entre os espaços educativos formais e os não formais: a especialidade que cada um assumiu. De um lado, a formação técnica; de outro, a formação política.

Mais uma vez, é fundamental perceber, sem ingenuidade ou exacerbação da vida harmônica, o quanto esses espaços têm para partilhar um com o outro. Se quisermos ter espaços em que a formação técnica e política estejam presentes, então, precisamos do diálogo entre academia e militância.

Só que, historicamente, o que aconteceu pode ser traduzido da seguinte forma: tratando os conteúdos escolares como neutros, as práticas educativas estiveram, durante muito tempo, balizadas nessa suposta neutralidade e, com isso, o questionamento deu lugar às verdades absolutas que, não raro, distanciavam os sujeitos (educadores e educandos) de uma leitura aprofundada do mundo.

Por outro lado, nos movimentos populares, a prática educativa tinha seu foco na formação política, na crítica aos dispositivos sociais de opressão, dos quais a escola fazia parte. Freire, em seu tempo, conseguiu ultrapassar essas barreiras, tanto que a forma como propunha a alfabetização de adultos é um bom exemplo de como as formações técnica e política (e não simplesmente partidárias) podem dialogar e andar juntas.

Tratando da educação de adultos e articulando essas discussões a algumas ideias sobre o educador popular, Gadotti (2000, p. 4) diz que:

> *é um animador cultural, um articulador, um organizador, um intelectual (no sentido gramsciano). O educador popular não pode ser nem ingênuo e nem espontaneísta. O espontaneísmo – princípio que consiste em ficar esperando que a mudança venha de cima, sem esforço, sem disciplina, sem trabalho – é sempre conservador. O educador popular, no contato direto com a cultura popular, descobrirá rapidamente a diferença entre espontaneísmo e a espontaneidade, que é uma característica positiva da mentalidade popular.*

Dessa forma, fica evidente que educadores populares, longe de terem, como se poderia pressupor, uma formação ao acaso, no convívio com os pares, na militância, no cotidiano de sua atuação, na reflexão sobre suas práticas e nos coletivos onde atuam, estão em processo formativo constante.

Mais uma experiência...

Chamo de mais uma experiência o relato que aqui farei, pois, entre as tantas experiências de formação com jovens e adultos no ambiente de trabalho, destacarei uma de que participei no ano de 1997. O trabalho era realizado em um restaurante. Os estudantes eram três garçons e uma cozinheira. Durante seis meses, convivi com um grupo bastante heterogêneo e ausente. Havia uma boa diferença entre os anos de escolarização deles: os rapazes tinham o ensino fundamental quase completo; a mulher havia frequentado apenas os anos iniciais. Todos com identificação afro-brasileira.

Lembro-me apenas de alguns *flashes* das aulas e, por isso, vou me deter na descrição das minhas reflexões após as aulas, as quais tenho mais presentes. Desde os primeiros momentos, sabia que precisava considerar os saberes e o ambiente em que estavam inseridos. Não teria tempo, como seria necessário, de conviver com a comunidade onde moravam (próxima ao restaurante), mas o "universo vocabular" e os "temas emergentes" no grupo poderiam aparecer em nossas conversas, e apareceram. Na época, eu ainda era estudante no curso de Pedagogia e aquela era minha primeira experiência pedagógica nos anos iniciais.

Com as limitações de uma iniciante, sabia que os temas a serem discutidos precisavam ser interessantes para o grupo. Levei jornais, revistas, descobri músicas de que eles gostavam, busquei nos programas de anos iniciais conteúdos que pudessem ser interessantes para que aprimorassem sua prática profissional, entre outras procuras.

Ao final do semestre, era necessária a realização de um processo avaliativo. Uma das formas de avaliar era uma atividade escrita. Lembro-me de que a coordenação desse projeto ficou surpresa com os resultados do semestre. Para mim, foi uma experiência desafiadora, mas gratificante. Percebi que o ambiente de trabalho pode ser um excelente tema-gerador, desde que transcenda o simples fato de a educação, utilitariamente, servir apenas para aprimorar conhecimentos profissionais. Além disso, deve estar permeada pela partilha que é possível entre seres humanos que desejam aprender e que têm muito a ensinar.

Na verdade, ainda há outra questão: Quem é o educador popular? Em determinamos contextos, parece que é politicamente correto dizer: "Sou um educador popular". Que compromisso diferenciado é esse que se assume ao dizer isso? Longe do simplismo do politicamente correto, é importante refletir sobre aquelas velhas questões colocadas por Freire, as quais podem sulear essa inquietação: A serviço de quê? Contra quê? Contra quem? A favor de quem? Um pedagogo formado pela academia também pode atuar sobre esses vieses.

(.)

Ponto final

Desejamos expressar neste texto, mesmo que com alguns aligeiramentos, as possibilidades teóricas e práticas para que o pedagogo envolva-se com a educação de homens e mulheres para o trabalho. Num primeiro momento, apontamos as bases teórico-metodológicas que pudessem servir de balizas para a constituição de ambientes propícios ao ensinar e ao aprender, num constante movimento de partilha e horizontalidade.

Sendo assim, fizemos referências a alguns autores e autoras que estão engajados na sistematização das ideias gestadas nesses lugares e que, ao longo do tempo, vêm colaborando com as práticas de educadores e educadoras. Buscamos provocar o leitor a perceber o seu lugar nesses processos, mas também perceber que há outros lugares e entre-lugares que precisam dialogar para que possam se consolidar.

Tanto no que se refere à formalidade quanto no que se refere à não formalidade, percebendo que há certa complexidade para conceituá-las, os pedagogos podem optar por uma postura pacífica diante da história, cumprindo ritos e seguindo manuais ou, então, reconhecer suas limitações e, até mesmo do lugar em que estão inseridos, buscar transcender fronteiras que impedem que as necessárias mudanças sejam realizadas. Aqui foram apresentadas algumas possibilidades. Outras certamente serão encontradas pelos próprios educadores em seu cotidiano. Não há possibilidade de descrever minuciosamente todas as alternativas viáveis para o trabalho com jovens e adultos trabalhadores. Mas é possível que fique o estímulo para a construção de alguns caminhos.

Atividade

Com base na leitura deste capítulo, responda às seguintes questões: Quais são os compromissos que devem ser assumidos pelo pedagogo que busca uma prática inovadora? O que significa, nesse sentido, a dimensão política da educação de jovens e adultos que não seja, simplesmente, partidária?

(7)

Pedagogia na empresa

Elaine de Santa Helena possui mestrado em Educação (1994) pela Universidade Federal do Rio Grande do Sul (UFRGS), especialização em Administração de Empresas (1989) pela Pontifícia Universidade Católica do Rio Grande do Sul (PUCRS) e graduação em Pedagogia e Orientação Educacional (1980) pela UFRGS. Tem experiência na área de administração, com ênfase em administração pública, atuando principalmente nos seguintes temas: gestor público, políticas públicas e qualificação.

Elaine de Santa Helena

Nos dois últimos séculos, a sociedade humana tem vivenciado diversas transformações, tanto em suas relações sociais como em suas relações produtivas. A sociedade do conhecimento traz consigo novas tendências e desvenda novos espaços educativos, nos quais o papel do educador/pedagogo amplia-se e transpassa os limites da educação formal. Percebe-se claramente o aumento da tensão entre a democratização do conhecimento e a elitização do ensino. Se outrora os mecanismos de classificação adotados nas instituições de ensino serviam aos interesses das classes hegemônicas, excluindo grande parcela da sociedade e conduzindo-a ao exercício de ocupações que dispensavam o uso de atividades mentais superiores, de modo a reduzir o fazer do trabalhador à mera repetição de tarefas e/ou movimentos, atualmente verifica-se a necessidade de formação de profissionais críticos e reflexivos, capazes de atuar no processo decisório e qualificar o trabalho desenvolvido.

A necessidade de capacitar o trabalhador foi preconizada já nas primeiras teorias da administração. Na Antiguidade, a China proporcionava uma educação diferenciada aos funcionários públicos que realizavam a cobrança de impostos. Mais tarde, Frederick Taylor, ao desenvolver a teoria da administração científica, propôs atividades de treinamento voltadas para a execução das tarefas, que, a exemplo da educação tradicional, visavam à repetição e à otimização do tempo e dos movimentos realizados pelos trabalhadores[a].

Assim, ensinar significava literalmente "treinar" nos espaços das organizações produtivas e, para isso, o instrutor (treinador) não carecia de conhecimentos didáticos. Apenas o conhecimento técnico era suficiente para atingir os objetivos da aprendizagem mecânica. Desse modo, o **espaço do profissional da educação restringia-se ao espaço da educação formal, distante da vida produtiva e do cotidiano do trabalhador.**

Diferentemente da época de Taylor, a sociedade contemporânea, influenciada pela revolução digital, pela

---

a. Charles Chaplin, ator e diretor de cinema, retrata com exatidão e humor a vida no interior das indústrias do início do século passado, mostrando, no filme *Tempos modernos* (1936), o ser humano como parte de uma engrenagem.

globalização da informação e da economia e por uma acirrada luta em busca da conquista e da fidelização de clientes e de parceiros, passou a exigir profissionais com competências diferenciadas. A formação e o conhecimento adquiriram lugar de destaque nos currículos dos profissionais, e a passividade e a obediência cegas deram lugar à criatividade, à participação e ao desenvolvimento contínuo. Entretanto, em meio às rápidas e constantes mudanças em todas as áreas da sociedade, o sistema formal de ensino, engessado pelo despreparo de grande parte de seus profissionais quanto à utilização de novas metodologias interacionistas, deixa um espaço vazio no que se refere ao preparo para o mundo do trabalho.

Por outro lado, novos espaços educacionais emergem da necessidade que as organizações têm de sobrevivência e de sucesso constantes. Segundo Libâneo (2002, p. 4), "a sociedade atual é eminentemente pedagógica a ponto de ser chamada de *sociedade do conhecimento*". E é nesse cenário que o educador/pedagogo assume novos papéis e funções, além daqueles tradicionalmente desempenhados no sistema formal de ensino. Inscreve-se agora no âmbito da educação não formal, que invade empresas, organizações não governamentais (ONGs), centros comunitários, sindicatos etc.

As organizações da atualidade têm investido muito na formação e na capacitação de seus empregados, com o objetivo de proporcionar condições para que, ao expandirem seus conhecimentos, ampliem também sua capacidade de participação e sua criatividade e, consequentemente, aumentem o CAPITAL INTELECTUAL[b] da organização, tornando-a mais competitiva. Assim, educar significa crescer,

---

b. Capital intelectual: soma dos conhecimentos dos membros da organização.

sobreviver e manter-se no mercado. Nesse contexto, faz-se mister a gestão do conhecimento, ou seja, identificar e ampliar os conhecimentos de todos os que integram a organização, planejar o desenvolvimento de suas potencialidades e incrementar a comunicação por meio da adoção de uma linguagem comum a todos. É nesse estágio de desenvolvimento do mundo organizacional que a presença de um educador/pedagogo faz-se necessária.

Peter Senge, citado por Pierce e Newstrom (2002), salienta o risco que as organizações correm quando não se preocupam com a formação e o desenvolvimento de seus membros: as deficiências de aprendizagem podem ser fatais para as organizações, fazendo com que tenham uma vida média de apenas 40 anos – metade da vida de um ser humano. As organizações precisam ser aprendizes e, frequentemente, não o são. De qualquer maneira, algumas sobrevivem, mas nunca desenvolvem todo o seu potencial. O que acontecerá se o que denominamos *excelência* na realidade não passar de mediocridade? Somente as empresas que se tornarem aprendizes terão êxito num mercado global cada vez mais turbulento e competitivo.

O conhecimento tornou-se um fator econômico para as organizações, e aumentar o seu capital intelectual requer uma gestão efetiva dele. As organizações de aprendizagem propostas por Peter Senge, citado por Pierce e Newstrom (2002), exigem dos líderes uma postura de educador. O funcionário, por sua vez, partícipe de equipes autogerenciáveis, precisa desenvolver habilidades que lhe garantam a multifuncionalidade e a capacidade de participar do processo decisório em seu nível de atuação. Wilson, citado por Pierce e Newstrom (2002, p. 45), caracteriza as equipes autônomas da seguinte forma: "Elas compartilham funções de administração e liderança, planejam, controlam e aperfeiçoam seus processos de trabalho, estabelecem seus próprios programas de trabalho e fazem contratações para substituir membros da equipe".

Assim, diante desse cenário, tornamo-nos todos aprendizes, mas a formação aqui preconizada é transformadora, crítica e produz o aprendiz autônomo, e não apenas um mero reprodutor de ideias e tarefas. Cabe ao educador/pedagogo o desafio da emancipação do trabalhador, conferindo-lhe a autonomia e o conhecimento necessários à agilidade e ao aperfeiçoamento constante dos processos de trabalho.

(7.1)
Mapeando os espaços educativos

Preocupadas com sua manutenção e, por que não dizer, com sua sobrevivência em um mundo de constantes mudanças, decorrentes de uma vertiginosa construção e disseminação de novos conhecimentos, as organizações investem cada vez mais nos diferentes processos de capacitação de seus empregados. O conhecimento precisa ser compartilhado e estimulado, pois se tornou um fator diferencial que alavanca o desenvolvimento de pessoas e organizações. Desse modo, a gestão do conhecimento emerge como uma das forças propulsoras de desenvolvimento, e o antigo CHEFE assume o papel de educador de sua equipe.

Entretanto, a formação desses gestores/líderes não contempla o suporte pedagógico necessário para o desempenho dessas novas funções, que representam, portanto, novas oportunidades para os educadores. É o profissional da educação que, após cuidadoso diagnóstico organizacional, planejará e desenvolverá projetos e programas de capacitação e desenvolvimento para o corpo funcional da organização. Assim, atuando como assessor, consultor, analista ou gerente de recursos humanos, é o educador/pedagogo que fornecerá ao novo líder as ferramentas metodológicas necessárias ao processo de aprendizagem que deve ser desenvolvido no cotidiano do trabalho.

Já não é mais suficiente saber administrar processos e pessoas. É preciso também assumir novas posturas de líder educador, de líder servidor que extrapola o mero gerenciamento. Se entendermos que as organizações são compostas por pessoas, que lhes trazem vida e dinamicidade, e que a necessidade da mudança é sentida no dia a dia da empresa, perceberemos que se faz necessário trabalhar as pessoas e, principalmente, sua cultura. Os processos educativos precisam ser internalizados e as mudanças que deles decorrem são lentas, o que evidencia cada vez mais a crescente necessidade da presença do educador/pedagogo no ambiente laboral.

Façamos uma reflexão sobre os espaços educativos que podem ser vislumbrados em uma organização. Começaremos por aqueles que são mais comuns e, depois, vislumbraremos os mais recônditos.

Um dos espaços comumente reconhecidos como de educação nas organizações é o do TREINAMENTO. É comum ouvirmos as pessoas dizendo que participaram de um treinamento ou que sua empresa tem programas de treinamento etc. Realmente, essa área cresceu consideravelmente nas últimas décadas, mas o momento atual exige que reconheçamos o seu verdadeiro papel: educar para o trabalho. Embora o termo *treinamento* já esteja gravado no imaginário das pessoas como uma atividade relacionada a cursos tanto de caráter técnico-operacional como de formação, ele deve ter caráter educativo, e não apenas instrucional, trazendo em seu bojo a reflexão sobre a prática e a possibilidade de novas construções.

Outro espaço educativo encontrado nas empresas está relacionado ao processo de recrutamento e seleção de pessoas. Essa é uma área que tem sido equivocadamente disputada por profissionais das áreas de psicologia, educação e administração, sem se considerar que os espaços que devem ser ocupados e as competências inerentes à formação desses profissionais são distintos uns dos outros, ainda que complementares entre si.

Na atividade de recrutamento e seleção de talentos, deveria ser de responsabilidade do educador/pedagogo estudar e projetar a trajetória educacional de cada funcionário, analisar suas competências e sua adequação à vaga existente, assim como indicar os investimentos que serão necessários. Em seguida, esse trabalho seria encaminhado ao gestor da área ou ao setor que disponibilizou a vaga e, então, juntamente com os resultados da análise psicológica realizada pelo profissional competente, os três profissionais citados poderiam discutir as melhores opções para o preenchimento da vaga, auxiliando, assim, o administrador na decisão final.

(.)
Ponto final

As ações de capacitação e de formação desenvolvidas em uma organização podem proporcionar benefícios a todos. Para a organização, esse tipo de ação lhe permite ter empregados mais bem qualificados, com maiores chances de contribuir com novas ideias e habilidades. Já para o empregado, esse tipo de ação significa maior empregabilidade, crescimento e autonomia. MAS, AFINAL, QUAL O PAPEL DO EDUCADOR/PEDAGOGO NESSE PROCESSO?

Uma das mais importantes, e talvez mais difíceis, tarefas do educador/pedagogo no âmbito das organizações consiste no assessoramento aos líderes destas com o intuito de prepará-los para assumir a postura de LÍDER EDUCADOR. Ser líder educador pressupõe, além de compartilhar conhecimento e poder, ver o outro como *ser humano*, no sentido pleno da expressão.

Como se pode ver, existe uma gama de espaços educativos no interior das organizações e, para desvendá-los, além do olhar investigativo, do real interesse pelo desenvolvimento humano, do compartilhar conhecimentos, é preciso o domínio de metodologias e técnicas de ensino. Libâneo (2002, p. 6) apresenta-nos alguns desses espaços, ratificando o caráter pedagógico a eles subjacente:

> *Há práticas pedagógicas nos jornais, nas rádios, na produção de material informativo, tais como livros didáticos e paradidáticos, enciclopédias, guias de turismo, mapas, vídeos, revistas; na criação e elaboração de jogos, brinquedos; nas empresas há atividades de supervisão do trabalho, orientação de estagiários, formação profissional em serviço. Há uma*

prática pedagógica nas academias de educação física, nos consultórios clínicos. Na esfera dos serviços públicos estatais, são disseminadas várias práticas pedagógicas de assistentes sociais, agentes de saúde, agentes de promoção social nas comunidades e etc. São práticas tipicamente pedagógicas. Os programas de medicina preventiva, informação sanitária, orientação sexual, recreação, cultivo do corpo, assim como práticas pedagógicas em presídios, hospitais, projetos culturais são ampliados.

Outro papel importante do educador/pedagogo na empresa é o de elaborar mapas do conhecimento, ou seja, realizar uma representação visual dos conhecimentos existentes, que servirá de orientação para as lideranças na tomada de decisões e também orientar funcionários no direcionamento de seu processo de desenvolvimento profissional.

Muitas outras formas de atuação pedagógica podem ser encontradas – tais como intervenções nos processos de relacionamento interpessoal, no clima organizacional, na transmissão da cultura e das crenças e valores da empresa –, podendo mobilizar todos os funcionários, fornecedores e até mesmo clientes. O trabalho do educador/pedagogo possui um caráter eminentemente estratégico, pois esse profissional atua como agente de mudanças e como mediador entre o conhecimento, o trabalhador e a práxis, sem esquecer que, no mundo das organizações, a lucratividade e o sucesso sobrepõem-se a todos esses aspectos.

Atividade

Faça uma entrevista com um representante de cada área de uma empresa, buscando identificar as funções e atribuições de cada um desses profissionais. Depois, compare as respostas dadas e verifique se há superposição de funções entre os diferentes profissionais.

(8)

O trabalho pedagógico em
ambientes de promoção da saúde

José Geraldo Soares Damico possui doutorado em Educação (2011) pela Universidade Federal do Rio Grande do Sul (UFRGS) e mestrado em Educação (2004) pela mesma instituição. Possui também especialização em Saúde Mental Coletiva (1992) pela Universidade Federal de Santa Maria (UFSM) e em Teoria Psicanalítica (2000) pela Universidade do Vale do Rio dos Sinos (Unisinos) e licenciatura em Educação Física (1989) pela UFRGS. Tem experiência nas áreas de educação física, saúde coletiva, políticas de juventude, lazer e violência, atuando principalmente nos seguintes temas: saúde, educação física, corpo, gênero, lazer, juventude e práticas corporais.

José Geraldo Soares Damico

Os discursos da promoção da saúde voltados para a população em geral configuram o que Michel Foucault (2002) denominou de *biopolítica*, pois o poder não age somente sobre os corpos dos indivíduos, de forma isolada, mas também sobre o corpo da população, a fim de produzir comunidades e populações saudáveis, de acordo com as normas e os procedimentos advindos principalmente da área biomédica.

O mesmo autor destaca ainda as questões que colocam as práticas da medicina (e da saúde) em relação direta com a economia e a política. Para ele, o capitalismo socializou o corpo como força de produção, como força de trabalho. O controle social sobre os indivíduos opera-se sobre o corpo, estando as práticas de saúde inseridas nesse processo de disciplinamento.

É nesse sentido que podemos compreender o crescimento das ações de promoção da saúde no Brasil e no exterior, ou seja, como um modo de responsabilização e de aumento das noções de risco individual e coletivo.

Os cuidados com o corpo, no contexto da chamada *nova saúde pública*, são permeados por relações de poder exercidas sobre os outros e sobre nós mesmos. Compreendemos essas relações de poder como possíveis estratégias de governo dos corpos, já que estão constantemente envolvidas no exercício de dirigir e regular modos de ser e de agir dos indivíduos e da população.

> *Nesses processos que investem sobre o corpo jovem, noções sobre saúde, bem-estar, alimentação adequada e beleza são constantemente renovadas e rearticuladas, instituindo formas de cuidado com significações distintas de prazer, de contenção, de resistência, de feminilidade e de masculinidade. Determinadas práticas corporais passam a ser objeto de uma atenção constante a partir da qual se aposta, por exemplo, que o cuidado com uma alimentação tida como equilibrada resultaria em uma aparência mais "saudável" e que exercícios físicos orientados seriam determinantes para uma "saúde perfeita".* (Damico, 2007)

Em suma, essas práticas vão compondo um estilo de vida "ativo"[a], em que a autovigilância e a motivação são as ordens do dia.

A ampliação das políticas que centram suas ações em um estilo de vida cada vez mais ativo está conectada à progressiva responsabilização dos sujeitos pela sua boa saúde. Isso ocorre por intermédio de um conjunto de prescrições e orientações detalhadas, que busca levar os indivíduos à adoção de hábitos alimentares adequados, à prática regular de exercícios físicos, ao sexo seguro, entre outros. Exemplos disso são as campanhas de prevenção e de promoção da saúde com relação ao sedentarismo, ao tabagismo, à obesidade e ao HIV/Aids, as quais procuram promover mudanças de comportamentos, atitudes e práticas, em prol de um estilo de vida saudável.

(8.1)
Saúde como algo a ser consumido

Lefèvre, citado por Palma, Estevão e Bagrichevsky (2003), lembra que a saúde tem sido crescentemente associada a bens de consumo que objetivam promovê-la, como os medicamentos,

---

a. O estilo de vida "ativo", ou a mudança no estilo de vida que resulte em uma vida ativa, é um dos principais elementos do documento final da Conferência Internacional de Promoção da Saúde de Otawa, realizada no Canadá, em 1986. A importância desse documento é que nele se lançaram as diretrizes para as principais transformações na saúde pública, em sentido amplo, na maioria dos países (Palma; Estevão; Bagrichevsky, 2003).

os seguros-saúde, os alimentos especiais, os exercícios físicos etc. O autor enfatiza, ainda, que, em uma sociedade baseada no mercado, a saúde só poderia ter sentido quando acoplada à doença, à morte, à dor, ao desprazer, à fraqueza ou à feiura. A posição do autor tem sentido na lógica do mercado, que conecta a saúde a tudo que é "positivo", ou seja, à força e à beleza, e a doença a toda uma "negatividade".

Muitos discursos, provenientes principalmente dos meios técnico-científicos, têm sido constantemente renovados desde que se constatou uma elevação dos níveis de colesterol e de problemas relacionados ao fumo, à obesidade e ao sedentarismo entre a população, o que poderia favorecer o aumento dos distúrbios cardíacos, até a menção a outras doenças mortais causadas por práticas tidas como problemáticas.

De acordo com Foucault (2002, p. 146),

> *O domínio, a consciência de seu próprio corpo só puderam ser adquiridos pelo efeito do investimento do corpo pelo poder: a ginástica, os exercícios, o desenvolvimento muscular, a nudez, a exaltação do belo corpo... tudo isto conduz ao desejo de seu próprio corpo através de um trabalho insistente, obstinado, meticuloso, que o poder exerceu sobre o corpo das crianças, dos soldados, sobre o corpo sadio. Mas a partir do momento em que o poder produziu este efeito, como consequência direta de suas conquistas, emerge inevitavelmente a reivindicação de seu próprio corpo contra o poder, a saúde contra a economia, o prazer contra as normas morais da sexualidade, do casamento, do pudor.*

O corpo, na medida em que conforma uma aparência, oferece, à primeira vista, o resultado de um processo em que se cruzam fatores sociais profundos, como a origem e a trajetória de classe e suas derivações: a educação recebida, os trabalhos realizados, as preferências, as modalidades da atividade física e o cuidado com a saúde, entre as múltiplas eventualidades derivadas da posição que ocupa no espectro de diferenciação social.

O neoliberalismo penetrou fortemente na ordem discursiva ao responsabilizar os indivíduos pela manutenção de sua saúde e pelo cuidado com seu corpo de maneira geral. Segundo Oliveira (2005, p. 427), "a liberdade deve ser regulada pelos próprios indivíduos, os quais devem se comprometer em optar por um estilo de vida que respeite o código moral da sociedade em que vivem".

Bauman (2001) afirma que hoje o cuidado com a saúde se transformou em uma guerra permanente contra a doença e que a ideia de doença, antes circunscrita, tornou-se confusa e nebulosa. O autor também destaca o fato de que ter saúde está fortemente relacionado a "seguir normas". O pensador indica para os sentidos atribuídos à saúde dentro dessa sociedade de consumo, como um bem a ser adquirido, um padrão a ser alcançado, chamando a atenção para o conceito de aptidão, o qual, na sua visão, possui uma relação com os hábitos e as normas de saúde.

O conceito de norma – segundo Silva (1997) – nasce ligado ao conceito de média, ou seja, é uma articulação entre a estatística e a política, na medida em que determinada característica de uma certa população, como o peso, é dividida pelo número de indivíduos. O resultado médio foi estabelecido arbitrariamente como norma por um matemático chamado Gauss, que, transpondo esse raciocínio para o desenho gráfico, batizou essa formulação de *curva do sino*.

Outro aspecto relacionado à média é o fato de ela ter se transformado, na contemporaneidade, em um ideal a ser alcançado. É nesse sentido que determinados padrões corporais ou comportamentais se tornam ideais a serem buscados, e o corpo transmuta-se em território de normalização. Bordo (1997, p. 169) afirma "que determinados padrões corporais funcionam como texto ou superfície sobre o qual a cultura é simbolizada e descrita".

Ainda sobre o amplo tema que é a cultura, Silva (1997) diz que esta, a partir de uma abordagem pós-estruturalista, é definida como o espaço de lutas em torno de diferentes significados. O sentido que a cultura adquire permite as mais diferentes análises dos mais diferentes objetos.

Segundo esse mesmo autor, a noção de cultura, na qual este texto se fundamenta, envolve um redimensionamento do conceito tradicionalmente presente nos estudos das ciências humanas e sociais, que a enfatizam como o conjunto de valores e tradições transmitido de geração em geração. Na abordagem dos estudos culturais inspirados nas teorizações pós-estruturalistas, a cultura é definida como um campo de lutas que envolve os processos de significação e, segundo Meyer et al. (2006), buscando apoio em Halls:

> Ela [a cultura] não é universal, nem está dada de antemão, mas é ativamente produzida e modificada, ou seja, poderíamos pensá-la como o conjunto dos processos pelos quais se produz um certo consenso acerca do mundo em que se vive. Sendo assim, é o partilhamento deste consenso que permite aos diferentes indivíduos se reconhecerem como membros de determinados grupos e não de outros, o que implica, também, entender a cultura como um processo arbitrário, uma vez que cada grupo pode viver de forma diferente ou atribuir um significado diferente a um mesmo fenômeno ou objeto.

É esse conceito de cultura que permite teorizá-la como constitutiva do mundo social, localizada e, ao mesmo tempo, equiparada a diversas formas de conhecimento produzidas em diferentes locais, como a família, a escola e a mídia, por intermédio de discursos e práticas.

Nas estratégias de regulação estatal ora em andamento, os objetivos estão atrelados à lógica mercantilista de mercado, ou seja, é o Estado cada vez mais ausente, diminuindo substancialmente sua participação no financiamento de ações de saúde. Há autores, segundo Czeresnia (1999), que tecem críticas a tais direcionamentos, pois delatam, nessas proposições, discursos demagógicos que, ao enfatizarem a autonomia, na verdade estão delegando aos sujeitos e aos grupos sociais as responsabilidades que seriam do governo.

Vale também ressaltar que o discurso da promoção da saúde não é homogêneo e apresenta contradições que correspondem a interesses divergentes. Há uma extensa produção de trabalhos sobre o tema que torna evidente o quanto as estratégias voltadas à promoção da saúde contemplam perspectivas das mais conservadoras às mais progressistas.

Nos dizeres de Maurício (2006), baseando-se em Levy et al., a tudo isso deve ser acrescentado que a "educação em saúde [é] um dos mais importantes elos entre os desejos e expectativas da população por uma vida melhor e as projeções e estimativas dos governantes ao oferecer programas de saúde mais eficientes", tendo como norte a conceituação de educação em saúde, "nem como ciência nem como arte, mas como disciplina de ação e neste espaço, entre as esperanças da população e as políticas de saúde do governo" (Martins et al., 2007).

(8.2)

Bases conceituais

A educação do século XXI é marcada por uma série de transformações em relação a seu papel no processo de modernização social, as quais acompanham as novas perspectivas criadas pelas recentes mudanças socioculturais e pelo desenvolvimento das ciências humanas de um modo geral.

De um lado, o modelo político das democracias republicanas e o modelo econômico pós-industrial têm exigido a expansão do número de escolas, a preparação do jovem para o trabalho, o ensino técnico e a especialização do conhecimento. De outro, há inúmeras teorias de ensino que se apoiam nas diferentes perspectivas das ciências humanas, sempre preocupadas em saber como melhor preparar os jovens para a vida institucional e por meio dela.

Entretanto, essas transformações não têm levado todos a abandonar o projeto de emancipação humana pela educação, isto é, o projeto que atribui à educação a tarefa de construir no ser humano a consciência de si. Ao contrário, é precisamente para dar conta disso que a educação atual se debate e é debatida, embora ela mesma esteja sufocada pelas condições de vida que se apresentam atualmente: a tensão existente entre liberdade e controle institucional ou, melhor dito, entre a ação individual e a ação institucional, para a qual, de alguma forma, ela mesma contribui, formando e preparando as novas gerações segundo os princípios e os valores pressupostos na sua institucionalidade.

Czeresnia (1999) lembra que as estratégias de promoção da saúde enfatizam mudanças nas condições de vida e de trabalho da população, que, por sua vez, formam os problemas de saúde de uma sociedade.

O conceito de educação em saúde é mais limitado e concerne às informações sobre saúde, à recepção e à compreensão das mensagens dos programas, ao entendimento da saúde como direito, à valorização de conhecimentos, práticas ou comportamentos saudáveis ou não, à problematização e à facilitação de discussões, ao desenvolvimento da autonomia de pensamento e à reelaboração dos conhecimentos de modo a conformar valores, habilidades e práticas consideradas saudáveis.

Em resumo, podemos dizer que é pela capacidade de falar-agir que procuramos dar sentido e estabelecer planos para intervir no mundo em que vivemos. Pela fala-ação, nós nos colocamos junto do outro. A interação humana, portanto, se dá no uso da linguagem, no diálogo, na interlocução.

Nesse sentido, a tarefa da educação em saúde é uma tarefa que se volta para o futuro de uma humanidade que tem de aprender com os erros do passado, de maneira que os sujeitos possam, pelo uso da linguagem, ser capazes de assumir uma posição na vida por meio dos argumentos retirados já do próprio modo de viver.

> *Aqui vemos desenrolar-se uma alusão ao fato de que aquilo que se transmite não está simplesmente do lado das informações ou dos conteúdos, mas sim de uma operação que permite ao sujeito, em contato com algumas ideias, tomá-las por meio de um árduo trabalho e reconstruí-las, imputando-lhes seu estilo, agregando-as ao que já havia constituído, e produzindo, como resultado, algo que reconhece como próprio.*
> (Stolzmann; Rickes, 1995, p. 43)

O mundo compartilhado é a estrutura intersubjetiva que possibilita a relação com o outro. Foucault interessava-se pela estilística da existência: na atualidade, podemos propor uma subjetivação coletiva, uma forma de vida, um devir minoritário que encontra sua expressão na amizade (Ortega, 1999).

(.)
Ponto final

Pode-se dizer que a educação em saúde no Brasil segue duas tendências (Ceccim; Feuerwerker, 2004): uma primeira que, a partir da obra de Paulo Freire, principalmente com relação aos princípios relacionados a educação popular, noções como aprendizagem significativa e relação dialógica utilizadas por teórico da educação em saúde têm suas formulações produzidas.

A segunda tendência advém dos movimentos institucionais em educação, que transformaram princípios organizacionais das áreas da administração e da psicologia em elementos que privilegiassem aspectos coletivos e de participação na produção de processos de aprendizagem. Como principais teóricos dessa linha, temos René Lourau e George Lapassade.

No entanto, a educação em saúde no Brasil vem experimentando um momento profícuo que combina, ou elege, elementos que têm semelhança com as duas possibilidades teóricas, bem como novas possibilidades que têm criticado tais posições, como aquelas promovidas por autores pós-estruturalistas. As ideias dos filósofos franceses Michel Foucault, Jacques Derrida e Gilles Deleuze se disseminaram no campo da educação em geral e, mais ultimamente, no da educação em saúde.

É importante assinalar, de passagem, que a tradicional concepção de subjetividade reinante na educação e o projeto libertador que lhe era correlato foram abraçados pelas correntes mais avançadas e conservadoras (nesse caso, pela teorização educacional crítica, progressista). Esta, por sinal, tendeu a criticá-los apenas em seus supostos desvirtuamentos (alienação do sujeito), mas não nos aspectos que lhes davam condições de possibilidade. Como afirma Silva (1994), tanto nas pedagogias da repressão quanto nas libertadoras existem suposições sobre consciência e sujeito, o que mostra que existe uma mesma essência a ser reprimida ou liberada, conforme o caso. Até mesmo as pedagogias críticas seguem essa tradição – a própria ideia de conscientização, tão cara a algumas de suas principais correntes, está totalmente relacionada à "suposição de uma consciência unitária e autocentrada, embora momentaneamente alienada e mistificada, apenas à espera de ser despertada, desreprimida, desalienada, liberada, desmistificada" (Silva, 1994, p. 25).

A posição do autor aponta para um descentramento do sujeito, ao mesmo tempo em que lança a questão de como Foucault e Deleuze podem contribuir para a educação em saúde ao afirmarem a vida, a ética e a política, por meio de uma fórmula que distingue a ética da moral.

A abordagem de Foucault traz uma forma de constituição do indivíduo que se distingue da forma de constituição do presente porque, em vez de estar calcada no poder normalizador, realiza-se apoiada na ética, entendida como relação consigo mesmo. Numa análise das "práticas de si" desse período, destaca-se a individualidade explicitada no seu aspecto de objeto e seu aspecto de sujeito, o que aponta a justaposição entre as tecnologias de objetivação e de subjetivação que auxiliam para constituí-la.

Yasbek (2008), sintetizando a perspectiva ética da filosofia foucaultiana, afirma que

> tendo-se em vista que a ética, para o autor [Foucault], se caracteriza [sic] pela tarefa de constituição do indivíduo enquanto "sujeito moral", pode-se afirmar que o que vemos

na modernidade é o surgimento de um sujeito que é predominantemente "sujeito de conhecimento" (tal como ELE *É, ele é capaz de verdade) e apenas acessoriamente "sujeito ético" (aquele para quem a verdade, tal como* ELA *É, exige e é capaz de produzir efeitos que o modifiquem em seu ser).*

Para Castiel (2003), o objetivo dos programas de promoção da saúde é motivar posturas proativas dos indivíduos com relação às questões de saúde, por meio de cuidados não institucionalizados. De acordo com o documento da Organização Mundial de Saúde (OMS), citado por Oliveira (2001), a promoção da saúde foi conceituada como o "processo de capacitar as pessoas a aumentarem o controle sobre sua saúde, aprimorando-a". A promoção da saúde, por meio de sua ênfase no individualismo, incentiva a busca de uma autonomia individual. Trata-se aqui do principal paradoxo das políticas de promoção à saúde: ter como meta a promoção da autonomia individual no tocante às escolhas em saúde e circunscrever a saúde a definições médicas, ou seja, pode-se e deve-se fazer escolhas, desde que sejam as corretas, do ponto de vista médico.

Atividade

Elabore uma campanha de promoção à saúde com base no quadrilátero de formação sugerido por Ceccim e Feuerwerker. Para isso, consulte o artigo indicado a seguir.

CECCIM, R. B.; FEUERWERKER, L. O quadrilátero da formação para a área da saúde: ensino, gestão, atenção e controle social. *PHYSIS – Revista Saúde Coletiva*, v. 14, n. 1, p. 41-65, 2004. Disponível em: <http://www.scielo.br/pdf/physis/v14n1/v14n1a04.pdf>. Acesso em: 16 mar. 2012.

(9)

A sociedade do conhecimento e da tecnologia

Maria de Lourdes Borges é doutora (2012) e mestre em Administração (2008) pela Universidade do Vale do Rio dos Sinos (Unisinos). Possui formação em Psicologia, é especialista em Gestão de Pessoas (MBA) e facilitadora em dinâmica dos grupos. Tem experiência na área de psicologia organizacional, atuando principalmente nos seguintes temas: **sensemaking** *(produção de sentido), organizações de alta confiabilidade, gestão do conhecimento, análise da conversa e etnometodologia.*

Maria de Lourdes Borges

No momento histórico atual, intensas mudanças estão ocorrendo com velocidade vertiginosa em um mundo repleto de complexidades e incertezas. Verificam-se mudanças nos padrões da família, na comunicação, nas fontes de energia, no trabalho, na educação, entre outras. É a sociedade do conhecimento e da tecnologia que está sendo pré-anunciada. O objetivo deste capítulo é demonstrar um panorama geral sobre a história, a emergência e as características da sociedade do conhecimento e da tecnologia, bem como debater o papel da educação formal e não formal nesse contexto.

O escritor americano Alvin Toffler (1980) descreveu, já na década de 1980, uma interessante concepção sobre a história da sociedade. Para esse autor, a história apresenta três fases distintas e revolucionárias, para as quais usou a metáfora das "ondas de mudanças". Primeiramente, apresentamos um breve entendimento histórico sobre essas três ondas, com base em Toffler (1980). Em seguida, exploramos algumas relações entre a sociedade do conhecimento e a educação, assim como a importância e o papel desta nesse novo contexto. A configuração da rede é usada como referencial para ajudar na compreensão de tantas mudanças.

(9.1)
As três ondas de mudança: um breve entendimento histórico[a]

A primeira onda de mudança teve início há 10 mil anos, com a descoberta da agricultura: foi a Revolução Agrícola, que levou milhares de anos para acabar. A segunda onda de mudança foi provocada pela Revolução Industrial e durou apenas 300 anos aproximadamente. A terceira onda deve durar bem menos que isso e traz consigo um novo modo de vida, caracterizado por fontes de energia diversificadas e renováveis, por novos modos de produção, que tornam obsoletas as linhas de montagem das fábricas, por

---

a. A Seção 9.1 é baseada em Toffler (1980).

famílias não nucleares etc. Assim, na terceira onda, a perspectiva do mundo muda e, com ela, os modos de lidar com o tempo, o espaço, a lógica e a causalidade.

Antes da primeira onda de mudança, os seres humanos viviam em pequenos grupos, conseguiam alimentos por meio de pilhagem, caça, pesca e/ou pastoreio e eram frequentemente nômades. Aproximadamente há 10 mil anos, começou a revolução agrícola, que lentamente avançou pelo planeta, espalhando aldeias, colônias, terra cultivada e um novo modo de viver. Era a primeira onda, em que a base da economia era a terra, e a vida era organizada ao redor da aldeia. A divisão do trabalho era simples, pois existiam castas e classes claramente definidas pelo nascimento: nobreza, sacerdócio, guerreiros, escravos e/ou servos. O poder era rigidamente autoritário. Cada comunidade conseguia suprir a maioria de suas necessidades. A energia utilizada na era da agricultura advinha de uma mistura de fontes renováveis e não renováveis: potência muscular humana e animal, madeira, sol, vento e água. Essa primeira onda perdurou até a Revolução Industrial.

Por volta de 1750, começou a industrialização na Europa, que desencadeou a segunda onda de mudança no planeta, a qual atingiu rapidamente nações e continentes, primeiramente nos países mais ricos e, atualmente, nos PAÍSES EM DESENVOLVIMENTO, por meio do ímpeto da industrialização. Tome-se a China como exemplo.

A era industrial extraiu e ainda extrai sua energia de fontes não renováveis, como o carvão em pedra, o gás e o petróleo, ou seja, a civilização estava consumindo o capital da natureza, em vez de viver dos seus rendimentos. O potencial energético, extraído das reservas de energia da Terra, fomentou um acelerado crescimento econômico. Assim, as novas máquinas, produtos de peças móveis, correias de transmissão, mangueiras, rolamentos e parafusos de porca foram se transformando em sistemas conjugados dentro das fábricas, denominados de *linhas de montagem*. Surgiu um exército de indústrias e de cidades industriais que distribuíam automóveis, camisas, sapatos, relógios, brinquedos, sabão, xampu, câmaras fotográficas, filmadoras, telefones, metralhadoras, eletrodomésticos e motores elétricos. Era a produção em massa, alavancada por um eficiente e gigantesco sistema de distribuição, por meio de ferrovias, rodovias, rotas marítimas e rotas aéreas comerciais.

Foi na era industrial que ocorreu a massificação da educação: ensinava-se leitura, escrita, aritmética básica e história, bem como pontualidade e obediência; ensinava-se também a realização dele um trabalho maquinal e repetitivo. A escola e a família formavam um sistema de preparação de jovens para assumir determinados papéis na sociedade industrial. A PRODUÇÃO EM MASSA EXIGIU A PADRONIZAÇÃO DE MÁQUINAS, PRODUTOS, PROCESSOS E COMPORTAMENTOS E, COM ELA, SURGIU A DIVISÃO DO TRABALHO. Cada trabalhador era especializado em uma tarefa. Por exemplo, para fabricar uma unidade do carro Modelo T, Henry Ford organizou 7.882 operações especializadas.

A comunicação em massa também era uma necessidade da sociedade industrial. Surgiu, então, o jornal, o rádio, o cinema e a televisão. A vida humana foi dividida em produção e consumo, realidade reproduzida até mesmo nas escolas. Assim, a educação era supostamente PRODUZIDA pelo professor e CONSUMIDA pelo estudante. NA ERA INDUSTRIAL, NINGUÉM ERA AUTOSSUFICIENTE E OS VÍNCULOS SE DETERMINAVAM POR ELOS CONTRATUAIS.

O industrialismo transformou muitos aspectos da vida humana, produzindo mudanças na configuração do trabalho, da família, da escola, da natureza. Chegou-se a um ponto em que a biosfera não tolerava mais a coerção ambiental. A energia não renovável mostrava sinais de esgotamento. Houve crise no sistema de bem-estar social, nos sistemas postais e escolares, nos serviços sanitários, nos sistemas urbanos e financeiros internacionais, no Estado-nação. Houve também uma crise de papéis, que culminou em uma crise epidêmica de personalidade. Milhões de pessoas procuravam o sentido da sua vida em filmes, peças, romances, livros instrutivos e terapias. "Querem mudar de empregos, de cônjuges, de papéis e responsabilidades" (Toffler, 1980).

Por volta de 1950 (após a Segunda Guerra Mundial), a terceira onda começou a surgir, por causa dos indícios de colapso de instituições e sistemas e da crise de energia não renovável. Para se resolver o problema da energia existente na terceira onda, não houve alternativa senão seguir princípios diametralmente opostos aos da era industrial: as fontes de energia precisam ser renováveis, devido às consequências do efeito estufa sobre o planeta. São as chamadas *energias limpas*, área em que o Brasil vem tendo destaque internacional em função da sua experiência com o etanol e as hidrelétricas, por exemplo.

Outro aspecto que prenunciou a terceira onda foi a invenção do computador e seu desenvolvimento, impulsionado pela Segunda Guerra Mundial. O surgimento dos computadores domésticos e da rede digital formou os fundamentos de um novo ser humano, fazendo nascer novos modelos de trabalho, de família, de educação, de saúde, enfim, de sociedade.

Em 1991, foi lançada a *world wide web* (www), considerada o MOTOR REVOLUCIONÁRIO da nova era. Sua utilização é tão intensa que está transformando não somente a comunicação entre as pessoas e as empresas, como também a estrutura de instituições como a família e a comunidade.

O modelo de comunicação não é mais centralizado, e a lógica passa a ser a da rede. Para entender a amplitude desse advento, é preciso um novo modelo mental, que abarque a união e a intersecção de milhares de usuários por meio de *e-mails, sites* e buscadores.

Portanto, é no contexto da complexidade que as instituições estão sendo modificadas. A internet está interferindo no desenvolvimento psicossocial e intelectual de crianças e adolescentes, por meio de artefatos como o Facebook, os *blogs* e os *chats*. Na terceira onda, a vida social é virtual. A barreira entre o público e o privado é tênue. Mesmo dentro de casa, as crianças estão desprotegidas. A digitalização está sendo democratizada, e pessoas de todas as classes socioeconômicas têm cada vez mais acesso à rede, tanto por meio de computadores domésticos – para os quais há hoje no mercado financiamento abundante e barato – como por meio de *lan houses*.

Os trabalhos escolares, na maioria das vezes, são realizados por meio das ferramentas *Copiar* e *Colar*, sem a devida leitura e assimilação dos conteúdos pelos alunos. A segunda onda rompeu a barreira da memória individual, por meio dos registros. A terceira torna a memória social extensiva e ativa e abre as portas para a diversidade social. Surgem as muitas "tribos" e comunidades no Facebook e no Twitter. Portanto, todas as instituições da era da informação precisam se reposicionar diante dessa nova e intrigante realidade.

O mundo do trabalho na era da informação também sofre modificações. O consumidor e o produtor estão cada vez mais difusos, devido à proximidade dos clientes com os processos de produção. A produção em massa passa a ter clientes cada vez mais exigentes e fabricantes com tecnologia suficiente para atender a pedidos individuais. Hoje, por exemplo, robôs cortam e confeccionam rapidamente roupas sob medida. O lar passa a ser valorizado como o local de trabalho, de estudo, de lazer, de segurança.

O CENTRO DA SOCIEDADE VOLTA A SER O LAR. Em casa, é possível realizar trabalhos pela internet, sendo o pagamento realizado por tarefa concluída. A lógica da mão de obra passa a ser o resultado do trabalho, e não as horas de trabalho vendidas.

Assim, as relações serão divididas em dois grandes grupos: as reais e as virtuais. Não só a estrutura da família passará (ou está passando?) por modificações, mas as próprias relações dentro da família. Famílias *sollo*, sem filhos, agregadas ou de homossexuais. É a nova configuração da família na terceira onda.

Outra revolução vem se dando com o uso da nanotecnologia. A miniaturização de robôs, por exemplo, poderá ser útil nas áreas da saúde, da eletrônica e em muitas outras. O avanço das pesquisas em GENÉTICA (engenharia genética) e com CÉLULAS-TRONCO (células embrionárias capazes de se transformar em diversos tipos de tecidos) chama a atenção para uma nova disciplina: a BIOÉTICA, que trata desses temas polêmicos.

São apresentadas, a seguir, algumas das características básicas de cada uma das três ondas de mudanças.

Quadro 9.1 – Características das três ondas de mudança da sociedade

Onda	Sociedade	Recurso	Duração	Características
1ª onda	Era agrícola	Terra	10.000 anos Desde 8000 a.C.	Aldeias, feudos, cultura de subsistência, energia muscular e natural, família multigeracional.
2ª onda	Era industrial	Capital	300 anos Desde 1750	Centros urbanos, industrialização, produção em massa, mão de obra, escola para todos, energia não renovável, efeito estufa, família nuclear.
3ª onda	Era da informação ou sociedade do conhecimento	Conhecimento	Desde 1950	Internet, alta tecnologia, microeletrônica, trabalhadores do conhecimento, inovações, energia limpa, família não nuclear.

Fonte: Adaptado de Toffler, 1980.

É importante observar que as ondas de mudança não são estanques e exclusivas de cada sociedade. Assim, algumas sociedades de países não industrializados ainda estão na era da agricultura, enquanto outros se encontram na era industrial (como, por exemplo, a China) e outros já têm mais características da era da informação. Portanto, é possível a percepção do impacto simultâneo de duas ou até três ondas, com força e velocidade distintas.

A seguir estabelecemos uma comparação entre as empresas da sociedade industrial e as empresas da sociedade da informação ou do conhecimento.

Quadro 9.2 – Comparativo entre as características das empresas na sociedade industrial e na sociedade da informação ou do conhecimento

EMPRESA DA SOCIEDADE INDUSTRIAL	EMPRESA DA SOCIEDADE DA INFORMAÇÃO
Enfoque analítico/atomístico.	Enfoque macro/holístico.
Individualismos/predomínio/distanciamento entre as pessoas.	Igualdade de direitos/compartilhamento/participação.
Autoridade centralizadora/paternalista/autocrática.	Autoridade adulta/facilitadora/democrática.
Continuidade num único nicho profissional. Especialização excessiva.	Opções múltiplas. Liberdade de escolha. Visão generalizada.
Economia de escala. Tendência ao gigantismo e à centralização.	Descentralização, resguardando-se a integração.
Valorização da quantidade.	Valorização da qualidade associada à qualidade.
Empresário avesso ao risco. Busca de protecionismo.	Empresário empreendedor, criativo e competitivo.
A grande alavanca é o dinheiro.	As grandes alavancas são a informação, o conhecimento e a educação.
O sucesso é garantido pelo poder de investimentos em máquinas e instalações.	A mente humana é o grande *software*, e o computador, o grande *hardware*.

FONTE: ADAPTADO DE BORGES, 2000.

A empresa, como local privilegiado das mudanças da sociedade, pode ser utilizada como ponto de partida para o entendimento das principais alterações e das consequentes diferenças por que passam as organizações sociais.

(9.2)
Sociedade do conhecimento e da educação

Na era da informação, o conhecimento foi aplicado ao trabalho, resultando no aumento da produtividade e, finalmente, do próprio conhecimento, no sentido de descobrir como pode ser mais bem aplicado, ou seja, voltado para a inovação sistemática. Na visão de Peter Drucker (1997), a sociedade do conhecimento teve início com a mudança radical no entendimento do significado do conhecimento. A Revolução Industrial foi impulsionada pela conversão da experiência em conhecimento aplicado a ferramentas, processos e produtos.

Resumindo, conhecimento é informação eficaz em ação, focalizada em resultados na sociedade, na economia ou no avanço do próprio conhecimento. O autor afirma que "por si mesmos, são estéreis. Eles somente se tornam produtivos se forem soldados em um só conhecimento unificado" (Drucker, 1997). Drucker continua, dizendo que a sociedade do conhecimento precisa trabalhar com especialistas de forma altamente organizada. São os trabalhadores do conhecimento, os quais possuem os meios de produção e as ferramentas de produção. São pessoas que sabem como alocar conhecimento para usos produtivos.

Ainda segundo esse autor, a sociedade do conhecimento deve conter organizações que funcionem como uma orquestra sinfônica. Cada um de seus mais de 200 músicos é um especialista de alto nível. Porém, um instrumento sozinho não faz música. Todos os músicos subordinam suas especialidades a uma tarefa comum e a uma música de cada vez. Todos têm importância para o resultado.

Drucker (1997) destaca que, nessa sociedade, nenhum conhecimento é considerado mais importante que outro, pois todas as pessoas fazem parte de uma equipe de associados. Para que o conhecimento possa fluir, é preciso que haja um contexto adequado para o aprendizado: esse é o ambiente necessário nessa nova realidade.

A seguir, serão apresentadas algumas características do pensamento tradicional (era industrial) em comparação com as do novo pensamento (sociedade do conhecimento):

Quadro 9.3 – Pensamento tradicional versus novo pensamento

CARACTERÍSTICAS	PENSAMENTO TRADICIONAL	NOVO PENSAMENTO
Fundamento científico	Física newtoniana.	Física quântica.
O tempo é...	monocrônico (uma coisa de cada vez).	policrônico (muitas coisas por vez).
Entendimento do mundo através da...	divisão em partes.	visão das partes do todo.
A informação é...	o último conhecimento.	infinita e sem fronteiras.
O crescimento é...	linear, gerenciável.	orgânico, caótico.
Gestão significa...	controle, predizibilidade.	*insight* e participação.
Os trabalhadores são...	especializados, segmentados.	multifacetados, estão sempre aprendendo.
A motivação se dá...	a partir de forças e influências externas.	pela criatividade intrínseca.
O conhecimento é...	individual.	coletivo.
Organização é...	por *design* (planejada).	emergente.

(continua)

(Quadro 9.3 – conclusão)

Características	Pensamento tradicional	Novo pensamento
Prospera-se na...	competição.	cooperação.
A mudança é...	algo com que se preocupar.	algo que está em todo lugar.

Fonte: Adaptado de Allee, 1997, p. 5.

São muitas e profundas as diferenças entre o pensamento tradicional e o pensamento da sociedade do conhecimento. Nesse sentido, a educação tem um importante papel a desempenhar diante da emergência do conhecimento em toda a sociedade. Uma educação voltada para um ensino fundamental de alto nível é a base da sociedade do conhecimento. A sua principal tarefa é imbuir nos estudantes de todas as idades a motivação para aprender e a disciplina para o aprendizado contínuo. A educação precisa permear toda a sociedade, e não ficar restrita às escolas. Drucker (1997) afirma que todas as organizações devem se transformar em lugar de aprendizado.

A vontade de aprender deve impregnar todas as pessoas, em todos os lugares, desde os formais até os não formais. O aprendizado deve se tornar uma tarefa autodidática e heterodidática, em que os estudantes têm condições de aprender sozinhos, usando computadores como ferramentas. O aprendizado de cálculos avançados, de várias línguas e a ampla compreensão da ciência serão necessários. Isso deve ser esperado e exigido das crianças, a exemplo do que ocorre nas escolas japonesas. A educação é um novo valor para a sociedade do conhecimento, a qual exige aprendizado vitalício. Assim, a função da escola é "dar aos iniciantes autoconfiança e competência e capacitá-los para que, em um futuro próximo, possam ter êxito na [...] sociedade do conhecimento" (Drucker, 1997, p. 155).

Será preciso evitar que a educação se reduza somente às formas clássicas de conhecimento, que contrarie tendências de desvalorização do conhecimento, supervalorizando os conteúdos de ensino; que admita novas formas de relação com o saber, pois a realidade atual define-se por uma complexidade e imprevisibilidade que a escola e qualquer outro espaço de aprendizagem não podem continuar a ignorar, e, finalmente, que compreenda o impacto das tecnologias da informação e da comunicação, que trazem novas formas de conhecer e de aprender. Segundo Nóvoa (2006), a NOVA escola não pode ignorar o tema do conhecimento. Esse autor afirma que o ensino é fundamental para explicar o conhecimento, revelar sua evolução histórica e preparar sua apreensão crítica.

De acordo com Bill Gates (1999), escolas e demais espaços de construção do conhecimento passarão a ser frequentados por pessoas de todas as idades, pois a aprendizagem deverá ocorrer por toda a vida, e os espaços em que ela ocorre deverão possuir estrutura tecnológica avançada, fazendo parcerias público-privadas e oferecendo treinamento técnico local e a distância, inclusive para a comunidade.

Na nova sociedade, há uma mudança no próprio papel da educação, e o conhecimento passa a ser o recurso econômico básico e o fator de produção mais decisivo, no lugar da terra, do capital e da mão de obra. De bem privado, o conhecimento passa a ser um bem público. Diante da emergência da sociedade do conhecimento, a escola tem um grande desafio: a continuidade da sua posição social como "produtora" e "canal de distribuição" do conhecimento. Como fazer isso ainda é uma interrogação. A escola está enfrentando **desafios radicais**, assim como todas as instituições que se propõem a trabalhar com a educação (Drucker, 1997).

(9.3)
O contexto da mudança: o sistema em rede

Para além de um conceito, *mudança* é a palavra de ordem em todos os lugares. Todas as instituições estão sentindo os efeitos de sua presença, tanto as escolas como as famílias, as empresas e as comunidades. O conhecimento, quando entendido de forma isolada, não mais provê respostas às questões suscitadas no tempo da globalização, da internet, das redes de relacionamento.

A abordagem sistêmica possibilita uma nova compreensão do mundo complexo que a sociedade do conhecimento e da tecnologia está descortinando, depois que a especialização, característica da era industrial, fragmentou o conhecimento e sua análise, prejudicando a visão global e a solução dos problemas. O esquema mecanicista de causa e efeito não satisfaria as questões das ciências biossociais e da moderna tecnologia.

Ludwig von Bertalanffy (1977) compreende que parecem existir leis gerais dos sistemas que se aplicam a qualquer sistema de certo tipo, independentemente das suas propriedades e dos elementos em questão. Assim, a teoria dos sistemas propõe uma estrutura útil para organizar e interpretar o conhecimento (Caravantes, 1999). Na nova sociedade, o conhecimento é visto como algo dinâmico, flexível, passível de modificação, energético, permeável, e não mais como estático e irredutível. A riqueza de um sistema vem das interconexões, das interfaces entre os elementos que o constituem. É mais que a soma das partes. É um arranjo em interações e transformações com ilimitada potencialidade (Borges, 2000).

A estrutura que subsidia a sociedade do conhecimento e da tecnologia é a internet, a qual é um sistema de redes, assim como uma teia.

Uma das principais características dessas mudanças que vivemos hoje é a GLOBALIZAÇÃO. "A globalização está reestruturando o modo como vivemos, e de uma maneira muito profunda. [...] Além disso, influencia a vida cotidiana tanto quanto eventos que ocorrem numa escala global" (Giddens, 2003, p. 15). Esse fenômeno aponta a importância que os países devem dar ao conhecimento, pois a diferença entre as nações será demarcada pela sua capacidade em aplicá-lo e em gerar inovação (patentes solicitadas).

Resumiremos, a seguir, as ideias aqui apresentadas.

A sociedade do conhecimento e da tecnologia pode ser caracterizada sinteticamente pelos seguintes aspectos:

- a grande alavanca do desenvolvimento da humanidade é o ser humano;
- a informação é um produto, um bem comercial;
- o saber é um fator econômico;
- as tecnologias de informação e comunicação vêm revolucionar a noção de valor agregado à informação;
- a distância entre a fonte de informação e seu destinatário deixou de ter importância – as pessoas não precisam mais se deslocar, porque são os dados que viajam;
- a probabilidade de se encontrarem respostas inovadoras a situações críticas é muito maior na era do conhecimento;
- as tecnologias de informação e de comunicação transformam constantemente o mundo da globalização;
- as novas tecnologias criam novos serviços, mercados, empregos e empresas;

- as tecnologias de informação e comunicação interferem no modo de produção da informação, de modo que se registram um grande volume de informações a baixo custo e a alta velocidade, acessadas de locais diferentes, o que permite o monitoramento e a avaliação de seu uso.

FONTE: ADAPTADO DE BORGES, 2000.

Portanto, a rede é a representação da sociedade do conhecimento e da tecnologia. As pessoas, os profissionais do conhecimento, as empresas, a escola, as famílias estarão cada vez mais imersos, conectados e dependentes das redes virtuais. O desafio, além do acesso a elas e da inserção nesse novo contexto, consiste em saber utilizá-las para o desenvolvimento da humanidade.

(.)

Ponto final

A sociedade do conhecimento e da tecnologia traz consigo novas oportunidades, novas esperanças, novos modelos de entendimento do mundo, do ser humano, da vida, da própria sociedade. Mas traz também novos desafios para as pessoas e para as instituições, que precisam entender as dificuldades decorrentes da passagem para essa nova sociedade e saber lidar com elas.

Nesse contexto, a educação tem um importante papel a desempenhar, por ser o mais importante dos recursos dessa nova ordem social. É a educação que pode fomentar nas pessoas a criatividade, a ousadia, a iniciativa, a atualização constante necessárias às inovações dessa NOVA ERA. Diante desse quadro, é possível vislumbrar os diversos desafios que se apresentam aos pedagogos/educadores. Estimados leitores, não é objetivo deste capítulo apresentar debates político-ideológicos sobre o tema em questão, mas sim mostrar uma visão geral sobre os aspectos da sociedade do conhecimento e da tecnologia que está emergindo diante de todos.

Atividade

Responda às seguintes questões: Que características e consequências da sociedade do conhecimento e da tecnologia você percebe no seu trabalho, na sua aprendizagem e na sua vida pessoal? Como você percebe os diferentes espaços de trabalho para o pedagogo nessa sociedade do conhecimento e da tecnologia? Discuta esses assuntos com seus colegas.

(10)

Tecnologia nas instituições
não escolares

Karen Selbach Borges possui mestrado em Ciência da Computação (2000) e bacharelado em Informática (1997), ambos pela Pontifícia Universidade Católica do Rio Grande do Sul (PUCRS). É certificada pela Sun Microsystems como programadora Java. Possui experiência com pesquisa nas áreas de informática na educação, educação a distância, bibliotecas digitais, TV digital e interfaces homem/máquina.

Karen Selbach Borges

Caros leitores, este capítulo tem seu foco em nossa experiência no projeto e na implantação de telecentros, tendo como objetivo central refletir sobre a contribuição do pedagogo para as atividades ligadas ao processo de inclusão digital por meio desse ambiente.

Comecemos falando um pouco de história. Na década de 1960, a graduação em Pedagogia destinava-se a capacitar o profissional dessa área para trabalhar como administrador escolar, supervisor pedagógico, inspetor escolar ou orientador educacional. Passados 40 anos, o Parecer nº 3/2006[a] do Conselho Nacional de Educação (Brasil, 2006) redimensionou o campo de atuação da pedagogia para a prática do ensino na educação básica, que compreende: educação infantil, séries iniciais do ensino fundamental e ensino médio, na modalidade normal.

Entretanto, se levarmos em consideração que o pedagogo "é o profissional que atua na prática educativa em suas várias manifestações e modalidades mediando a construção de saberes e apropriando conhecimentos que visam à formação humana" (Volpi; Rauch, 2007), veremos que:

> o campo de investigação da Pedagogia não se restringe à ação docente nas escolas já que há um campo educativo em cada ambiente em que acontece a convivência humana: na família, no trabalho, na rua, na fábrica, nos meios de comunicação, na política e nas escolas. Há diferentes práticas educativas que justificam a diversidade de pedagogias (familiar, escolar, sindical, hospitalar, dos meios de comunicação, entre outras). (Uesb, 2006)

Assim, chegamos à conclusão de que esse profissional está capacitado para atuar em outras áreas, que vão além do tradicional ambiente escolar. De fato, o mercado de trabalho oferece novas e diferentes oportunidades.

---

a. Para consultar o Parecer CNE nº 3, de 21 de fevereiro de 2006, acesse: <http://portal.mec.gov.br/cne/arquivos/pdf/pceb003_06.pdf>.

(10.1)
Inclusão digital: um sonho viável?

Na expressão *inclusão digital*, o termo *inclusão* faz referência ao ato de incluir, de tornar algo ou alguém parte de alguma coisa maior. Já o termo *digital* remonta à ideia de dígitos, especificamente os dígitos binários (0 e 1), utilizados como forma de processamento e representação da informação pelos computadores.

Mas o que, afinal, entende-se por *inclusão digital*? Seguindo a linha de raciocínio apresentada, podemos dizer que é incluir alguém no mundo da informação, que pode ser representada e processada por computadores. Logo, ao contrário do que muitos pensam, promover a inclusão digital não é somente oferecer acesso público e gratuito à internet, mas também prover o indivíduo de meios para gerar e acessar esse tipo de informação, o que pode ser feito por meio de aparelhos de telefone celular, máquinas fotográficas digitais, terminais de caixa eletrônico, televisores digitais, entre outras formas. Não é por acaso que o termo original, *digital divide*, foi definido, conforme Irving, citado por Corrêa (2007), como "the divide between those with access to new technologies and those without" (Traduzindo: "a divisão entre aqueles com acesso às novas tecnologias e aqueles sem acesso").

Essa divisão entre os que têm e os que não têm acesso a essas novas tecnologias só poderá ser minimizada se forem observados os três pilares da inclusão digital: tecnologias da informação e comunicação (TICs), renda e educação. Segundo Silva Filho (2003), "não é difícil vaticinar que sem qualquer um desses pilares, não importa qual combinação seja feita, qualquer ação está fadada ao insucesso".

É importante ressaltar que as TICs, sob a ótica da inclusão, referem-se a um conjunto de ferramentas, as quais incluem *e-mail*, *blogs, chats,* fóruns, navegadores e serviços de busca, cujo uso deve vir acompanhado de um processo de conscientização sobre as possibilidades de aplicação dessas tecnologias, tanto na educação continuada como em processos democráticos e demais práticas sociais que visam à melhoria da qualidade de vida.

Segundo Rodrigues e Teixeira (2007),

> *as TICs aumentam as possibilidades de informação e controle democrático sobre as ações governamentais, bem como sobre grandes empresas e demais setores da sociedade. Além disso, a internet permite um fluxo de comunicação amplo em que as pessoas podem manifestar opiniões e organizar movimentos reivindicatórios de direitos do homem, mas para isso este homem precisa compreender seu papel de protagonista no exercício da cidadania.*

A apropriação do conhecimento sobre o uso e as possibilidades de aplicação das TICs para a inclusão social e a consequente melhoria da qualidade de vida faz parte do processo educacional. Uma pesquisa realizada pelo Comitê Gestor da Internet no Brasil mostra que, apesar da barreira econômica para a compra de equipamentos de informática **(pelo custo elevado do computador) e do acesso à internet** no domicílio, "o principal motivo declarado que leva o brasileiro a não usar a internet é a falta de habilidade" (Brasil, 2008a), reforçando que a inclusão social obrigatoriamente passa pela educação.

Além disso, também são necessárias práticas pedagógicas que, apoiadas pelos recursos tecnológicos, auxiliem na identificação das possibilidades das tecnologias para a geração de conhecimento. Ou seja, não basta ensinar a operar um computador e navegar na internet. Deve-se, principalmente, mostrar o que é possível fazer com essas informações.

Segundo Waiselfisz (2008):

> *tornar realidade essas intenções exige a mobilização de vultosos recursos, não só em equipamentos, mas também em infraestrutura (de comunicação, elétrica, construção de locais apropriados, como laboratórios de informática etc.), capacitação de recursos humanos, criação de conteúdos apropriados (portais e conteúdos educacionais, software educacional etc.).*

Se a maioria das famílias brasileiras não tem renda suficiente para ter acesso às novas tecnologias, cabe ao Estado prover meios de suprir essa lacuna. O governo brasileiro, com o apoio da iniciativa privada, tem desenvolvido programas de inclusão digital que abrangem desde o apoio à obtenção de crédito para a compra de microcomputadores até a construção de espaços públicos de acesso à internet. Nesse sentido, uma pesquisa realizada pelo (Cetic, 2008) mostra que:

> *o aumento do financiamento e da isenção de impostos estão surtindo efeito. Em 2007 os microcomputadores estão presentes em 24% dos domicílios brasileiros, um crescimento de quatro pontos percentuais em relação ao ano anterior, mostrando um aumento no ritmo das aquisições domiciliares.*

Além do Programa Computador para Todos[b], do Governo Federal, destacamos outras iniciativas[c], desenvolvidas pelas entidades listadas a seguir:

- Serviço Federal de Processamento de Dados: Programa Serpro de Inclusão Digital;
- Banco do Brasil: Programa de Telecentros Comunitários;
- Secretaria Especial de Agricultura e Pesca: Projeto Maré;
- Ministério de Desenvolvimento, Indústria e Comércio Exterior: Projeto Telecentros de Informação e Negócios;
- Ministério da Educação e Cultura: Projeto ProInfo;
- Caixa Econômica Federal: Projeto Casa Brasil.

(10.2)
Telecentros

Entre as iniciativas de inclusão digital, destacam-se os projetos de telecentros. Entretanto, cabe salientar que estes vão além de simples espaços de acesso gratuito à internet. Constituem "um projeto de uso intensivo da tecnologia da informação para ampliar a cidadania" (Fóruns EJA Brasil, 2008).

Os gráficos a seguir apresentam a quantidade de telecentros existentes no país (dados do ano de 2007).

---

b. Para saber mais sobre o Programa Computador para Todos, acesse: <http://www.computadorparatodos.gov.br>.

c. Para saber mais sobre outras iniciativas, acesse o Portal Inclusão Digital: <http://www.inclusaodigital.gov.br/inclusao>.

Gráfico 10.1 – Telecentros em operação em 2006/2007 no Brasil

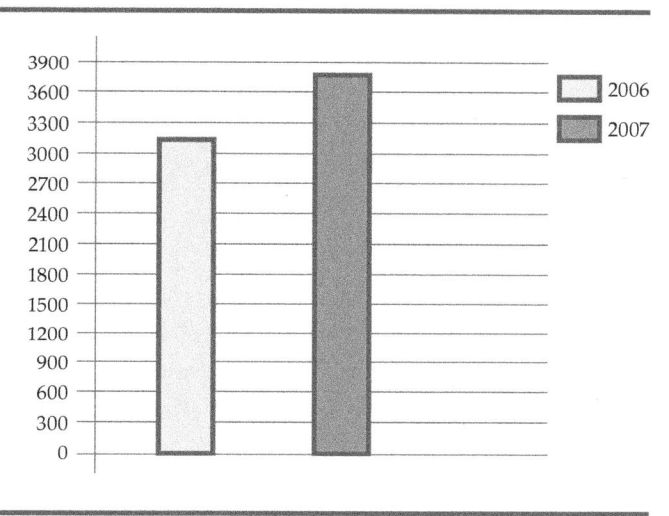

FONTE: FÓRUNS EJA BRASIL, 2008.

Gráfico 10.2 – Telecentros em operação em 2006/2007 nas regiões brasileiras

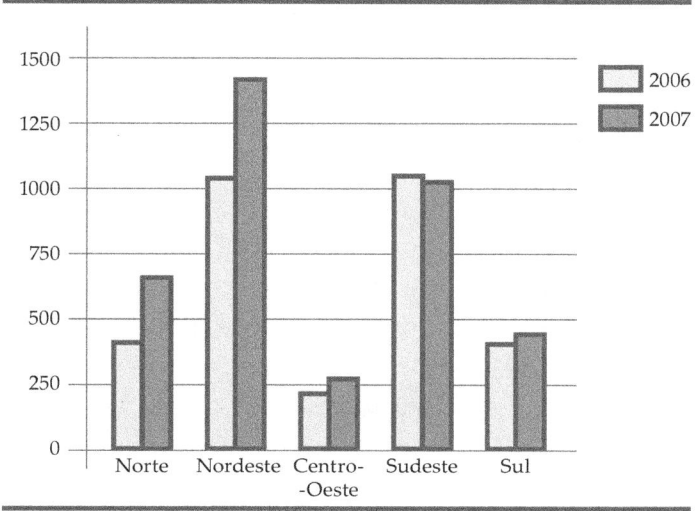

FONTE: FÓRUNS EJA BRASIL, 2008.

Com base nesses gráficos, é possível observar um aumento, mesmo que modesto, na quantidade de telecentros em operação no Brasil. Pelo Gráfico 10.1, percebemos que a quantidade desses estabelecimentos cresceu 20% em relação ao ano de 2006. Isso é um reflexo do investimento na criação de novos telecentros em quase todos os estados brasileiros, conforme pode ser observado no Gráfico 10.2.

Nesses espaços, "o uso livre dos equipamentos, cursos de informática básica e oficinas especiais são as principais atividades oferecidas à população" (Brasil, 2008b). A definição das formas de utilização dos equipamentos, das prioridades de atendimento, dos recursos empregados, entre outros aspectos, passa pela decisão de um comitê gestor, formado por representantes de empresas ou entidades governamentais que apoiam o projeto e por pessoas oriundas da comunidade onde os telecentros foram implantados.

Vamos ver o que Rangel e Sanches (2006) têm a nos dizer sobre isso: "as vozes da comunidade precisam ser ouvidas pelo conselho gestor desde o princípio. Isto é muito importante, não só para identificar os serviços mais apropriados, mas também para gerar uma sensação de propriedade do telecentro desde o começo".

Outro ponto importante a destacar a respeito desses espaços é a preocupação com relação aos *softwares*. No modelo brasileiro, adotou-se a utilização do *software livre*, cuja principal característica é a possibilidade de sua modificação pelos usuários.

Rangel e Sanches (2006) destacam como fatores decisivos para essa escolha o fato de que o *software livre*:

- *estimula naturalmente a difusão do conhecimento, permitindo que mais pessoas tenham acesso às oportunidades abertas pelas novas tecnologias;*

- *cria uma rede de compartilhamento no uso dos softwares;*
- *estimula o desenvolvimento da tecnologia nacional, porque os desenvolvedores brasileiros podem criar soluções totalmente adaptadas à realidade nacional, com base nos programas desenvolvidos pela comunidade mundial de programadores;*
- *ajuda na estabilização da economia, pois torna desnecessário o envio de dinheiro ao exterior para a compra e o pagamento de serviços de software proprietário.*

As atividades diárias dos telecentros são desenvolvidas e acompanhadas por uma equipe técnica, além de envolver a participação de monitores, instrutores e voluntários. Os monitores são responsáveis por organizar e manter em boas condições de uso os equipamentos e os programas, por registrar a utilização dos equipamentos, fornecer assistência e aconselhamento aos usuários, apresentar relatórios ao comitê gestor, entre outras funções. Já os instrutores são facilitadores na interação entre tecnologia e aprendizagem, ou seja, são responsáveis pela multiplicação do conhecimento sobre a tecnologia digital. Cabe a eles desenvolver material instrucional, realizar treinamentos, cursos, palestras e preparar avaliações sobre os resultados dessas atividades. Por fim, a equipe técnica é, em essência, multidisciplinar. Em sua formação, encontram-se profissionais qualificados nas áreas de Direito, Administração, Assistência Social, Informática, Psicologia, Pedagogia, entre outras. A contribuição do pedagogo nesse processo será discutida e analisada com mais detalhes a seguir.

(10.3)
O profissional de pedagogia no contexto dos telecentros

Conforme Gadotti (2000), "as novas tecnologias criaram novos espaços do conhecimento. Agora, além da escola, também a empresa, o espaço domiciliar e o espaço social tornaram-se educativos. [...] Novas oportunidades parecem abrir-se para os educadores". Como exemplo de espaço social educativo, existem os telecentros, descritos anteriormente, que buscam não apenas oferecer um ambiente propício para a inclusão digital, mas também um ambiente de encontro para a comunidade.

Esses espaços demandam a presença de profissionais qualificados para atuarem não apenas como administradores e supervisores educacionais, mas, principalmente, como orientadores de um processo de inclusão social, o qual vai além da questão tecnológica, na medida em que abrange também as áreas de saúde, educação, segurança e trabalho. Para Sposati, citado por Passerino e Montardo (2007):

> *a inclusão concentra-se na busca pelo acesso a quatro necessidades básicas: autonomia de renda (capacidade do indivíduo de suprir suas necessidades vitais, culturais e sociais), desenvolvimento humano (condição de os indivíduos em sociedade desenvolverem suas capacidades intelectuais e biológicas de forma a atingir o maior grau de capacidade humana possível), equidade (garantia de igualdade de direitos e oportunidades respeitando a diversidade humana) e qualidade de vida (a democratização dos acessos às condições de preservação do homem, da natureza e do meio ambiente e a redução da degradação ambiental).*

Nesse contexto, seguindo a linha proposta por Gadotti (2000), podemos dizer que o pedagogo é capaz de contribuir para a redução da exclusão social, na medida em que ensina às pessoas a:

- APRENDER A CONHECER – Atualmente, o sujeito encontra à sua disposição uma quantidade infindável de dados e imagens, emaranhados pela rede de informações que a internet, a televisão, o rádio e o jornal constitui. É necessário saber onde buscar a informação e o que fazer dela, conhecer e reconhecer a informação de valor que agregue qualidade de vida àquele que dela faz uso.
- APRENDER A FAZER – A capacidade de produzir algo é uma das maiores cobranças da sociedade. O indivíduo que não gera bens materiais, conhecimento ou riqueza é considerado inútil. Assim, é necessário trabalhar o desenvolvimento de habilidades e competências do cidadão excluído, dando-lhe condições de gerar renda para manter a si e à sua família com dignidade.
- APRENDER A SER – Não basta apenas o desenvolvimento de competências técnicas. É necessário o desenvolvimento da autoestima, da sensibilidade, da criatividade, do pensamento crítico, da postura ética e responsável do indivíduo.
- APRENDER A CONVIVER – Num mundo em que as diferenças entre os indivíduos (sexo, cor, religião, ideologia política) têm suscitado casos de discórdia e violência, é papel do educador, por meio da pedagogia das diferenças, promover o entendimento de que viver em sociedade é saber lidar com essas diferenças, compreender o outro e entender que há uma interdependência entre os sujeitos que compõem essa sociedade.

Para que esse trabalho tenha sucesso, é necessária a adequada formação do profissional de pedagogia. Bergmann (2006), no que se refere ao trabalho com as TICs e ao desenvolvimento de ações de inclusão sociodigital, aponta a necessidade de uma formação "voltada para a pesquisa, para a integração e leitura crítica das mídias, [...] promovendo a autonomia, a autoria e a criatividade, no trabalho com as TIC". Além disso, propõe a integração de conhecimentos teóricos e práticos, aliando os conteúdos disciplinares à prática em ambientes públicos, iniciativas particulares e organizações não governamentais (ONGs) que desenvolvem ações de inclusão sociodigital.

(.)

Ponto final

Com base na análise feita sobre as questões de inclusão social, é possível observar o interesse tanto do governo quanto de empresas e ONGs em expandir as iniciativas de criação de espaços de inclusão digital, como os telecentros, por exemplo. Os gráficos trazidos neste capítulo apontam nesse sentido e servem de indicadores para a importância da formação de profissionais da área de educação para atuarem no planejamento e acompanhamento das atividades nesses espaços.

Dessa forma, cabe deixar uma questão (ou várias) para reflexão e discussão: Na formação do profissional de pedagogia, são desenvolvidas as habilidades e as competências necessárias para promover a inclusão sociodigital?

Atividades

1. Além dos programas governamentais, várias ONGs desenvolvem trabalhos visando à inclusão sociodigital. Pesquise pelo menos três delas. Anote o endereço eletrônico, as regiões em que atuam e relacione as principais atividades desenvolvidas.
2. Visite um telecentro de sua cidade e verifique se um profissional de pedagogia integra a equipe técnica. Questione-o a respeito de suas atribuições e contribuições para o trabalho de inclusão social por meio do uso das TICs.

Considerações finais

O mundo acadêmico é constituído por diferentes instâncias. Sua meta final centra-se na produção e na divulgação do conhecimento nele produzido, tomando como princípio que o saber e o conhecimento ganham sentido quando outros apropriam-se dele. No entanto, vivemos em uma sociedade em que a lógica predominante é a do mercado, cujos fundamentos são o antagonismo e a exploração, que geram muitas desigualdades.

Apesar disso, as escolas, as ONGs, os hospitais, as empresas são terrenos de trabalho e, portanto, de vida, em que os sujeitos se (des)constroem como seres humanos de seu tempo histórico. Para todos nós fica a reflexão: Qual será o futuro dos pedagogos, que rumos se dará à educação e que lugar ocupará a pedagogia nessa sociedade que estamos construindo?

Queremos dizer que, em diferentes espaços e tempos, coexistem, confrontam-se e redefinem-se diferentes possibilidades e limites de humanização. É uma relação social marcada pela contradição e, assim, reveladora das múltiplas respostas e sinais dos indivíduos, que, como sujeitos, são capazes de criar movimentos para a construção de projetos alternativos, visando à formação de cidadãos democráticos e emancipados. A realidade muda a todo instante e o saber que é construído sobre ela precisa ser revisto e ampliado constantemente. Temos consciência da provisoriedade dessa construção teórica. A ideia é que se (re)pense a tarefa da educação nesse cenário do século XXI.

Estimados leitores, ao término de nossa caminhada, atrevemo-nos a afirmar que uma determinada ideia foi se legitimando e, ao fim, alguns aspectos puderam, intencionalmente, ser colocados à luz e outros ser deixados à sombra, como pôde ser visto no decorrer deste livro. É fato que na realidade coexistem o claro e o escuro, o visível e o invisível. São as intencionalidades de quem olha, de quem analisa e interpreta que colocam determinados aspectos em evidência e deixam obscurecidos outros.

Enfim, a educação é um ato de amor que implica conhecer a realidade, uma teoria que vislumbra a produção do conhecimento como processo social, coletivo, participativo; implica, também, analisar conflitos presentes em nossas práticas e compreendê-los como expressão das contradições sociais, econômicas, políticas, culturais do conjunto da sociedade, "sonhando" com a educação como uma tentativa de mudança de atitude. O novo preocupa, pois sair da rotina não é fácil. É muito mais cômodo continuar do mesmo jeito, sem precisar pesquisar coisas novas, sem despertar a criticidade e a participação de todos.

Referências

ABBAGNANO, N.; VISALBERGUI, A. *História de la Pedagogia*. México: Fondo de Cultura Economica, 1964.

ALLEE, V. *The Knowledge Evolution*: Expanding Organizational Intelligence. Boston: Butterworth-Heinemann, 1997.

ALMEIDA FILHO, N. Uma breve história da epidemiologia. In: ROUQUAYROL, M. Z.; ALMEIDA FILHO, N. *Epidemiologia e saúde*. Rio de Janeiro: Medsi, 1999. p. 1-13.

ALTHAUS, M. M. *A didática na formação docente*. Disponível em: <http://www.uepg.br/uepg_departamentos/demet/disciplinas/Didática%20na%20formação%20docente%202007.pdf>. Acesso em: 17 jul. 2008.

ARROYO, M. (Org.). *Da escola carente à escola possível*. São Paulo: Loyola, 1991.

_____. *Ofício de mestre*: imagens e autoimagens. Rio de Janeiro: Vozes, 2000.

BAUMAN, Z. *Modernidade líquida*. Rio de Janeiro: Zahar, 2001.

BERGMANN, H. M. B. *Escola e inclusão digital*: desafios na formação de redes de saberes e fazeres. 392 f. Tese (Doutorado em Educação) – Universidade de São Paulo, São Paulo, 2006. Disponível em: <http://www.idbrasil.gov.br/docs_prog_gesac/artigos_entrevistas/file.2008-01-24.5322788455>. Acesso em: 18 jun. 2008.

BERTALANFFY, L. V. *Teoria geral dos sistemas*. 3. ed. Petrópolis: Vozes, 1977.

BORDO, S. Reading the Slender Body. In: WOODWARD, K. (Ed.). *Identity and Difference*. London: The Open University, 1997. p. 167-181.

BORGES, M. A. G. A compreensão da sociedade da informação. *Ciência e Informação*, Brasília, v. 29, n. 3, p. 25-32. set./dez. 2000. Disponível em: <http://www.scielo.br/pdf/ci/v29n3/a03v29n3.pdf>. Acesso em: 18 jun. 2008.

BRANDÃO, C. R. *O que é educação popular*. São Paulo: Brasiliense, 2006.

BRASIL. Inclusão Digital. Comitê Gestor da Internet no Brasil. *Resultados da TIC domicílios 2007*. Disponível em: <http://www.inclusaodigital.gov.br/inclusao/noticia/comite-gestor-da-internet-no--brasil-apresenta-resultados-da-tic--domicilios-2007>. Acesso em: 19 jun. 2008a.

BRASIL. Lei n. 9.394, de 20 de dezembro de 1996. *Diário Oficial da União*, Poder Legislativo, Brasília, 23 dez. 1996. Disponível em: <https://www.planalto.gov.br/ccivil_03/Leis/L9394.htm>. Acesso em: 18 jun. 2008.

BRASIL. Ministério da Educação. Conselho Nacional de Educação. Parecer n. 3, de 21 de fevereiro de 2006. *Diário Oficial da União*, Brasília, jun. 2006. Disponível em: <http://portal.mec.gov.br/cne/arquivos/pdf/pceb003_06.pdf>. Acesso em: 11 jul. 2008.

_____. Resolução CNE/CP n. 1, de 15 de maio de 2006. *Diário Oficial da União*, Brasília, 16 maio 2006. Disponível em: <http://portal.mec.gov.br/cne/arquivos/pdf/rcp01_06.pdf>. Acesso em: 18 jun. 2008.

BRASIL. Ministério das Comunicações. Inclusão Digital Brasil. *O que é um telecentro e para que serve?* Disponível em: <http://www.idbrasil.gov.br/docs_telecentro/o_que_e>. Acesso em: 18 jun. 2008b.

BRIZZI, C. C. F. *A globalização e os novos paradigmas do direito penal no combate ao terrorismo*. Disponível em: <http://conpedi.org/manaus/arquivos/anais/bh/carla_caldas_fontenele_brizzi.pdf>. Acesso em: 17 jul. 2008.

CARAVANTES, G. R. *Teoria geral da administração*: pensando e fazendo. 2. ed. Porto Alegre: AGE, 1999.

CASTELO BRANCO, M. T. Desenvolvimento do lugar da juventude. *Programa de Pós-Graduação em Educação*, São Leopoldo, v. 8, n. 14, p. 37-64, 2004.

_____. *Jovens sem-terra*: identidades em movimento. Curitiba: Ed. da UFPR, 2003.

CASTIEL, D. Quem vive mais morre menos? Estilo de riscos e promoção da saúde. In: BAGRICHEVSKY, M.; PALMA, A.; ESTEVÃO, A. (Org.). *A saúde em debate na educação física*. Blumenau: Edibes, 2003. p. 79-97.

CASTRO, A. D.; CARVALHO, A. M. P. (Org.). *Ensinar a ensinar*. São Paulo: Thomson, 2001.

CECCIM, R. B.; FEUERWERKER, L. O quadrilátero da formação para a área da saúde: ensino, gestão, atenção e controle social. *PHYSIS – Revista Saúde Coletiva*, v. 14, n. 1, p. 41-65, 2004. Disponível em: <http://www.scielo.br/pdf/physis/v14n1/v14n1a04.pdf>. Acesso em: 19 jun. 2008.

CERONI, M. R. O perfil do pedagogo para atuação em espaços não escolares. In: CONGRESSO INTERNACIONAL DE PEDAGOGIA SOCIAL, 1., 2006, São Paulo. *Anais...* São Paulo: Universidade de São Paulo, 2006. Disponível em: <http://www.proceedings.scielo.br/scielo.php?script=sci_arttext&pid=MSC000000009200600010040&lng=en&nrm=abn>. Acesso em: 18 jun. 2008.

CETIC - Centro de Estudos sobre a Tecnologia da Informação e da Comunicação. *Destaques TIC 2007*: uso e posse de computador e internet, barreiras de acesso, uso do celular, intenção de aquisição. Disponível em: <http://www.cetic.br/usuarios/tic/2007/destaques-tic-2007.pdf>. Acesso em: 18 jun. 2008.

CHARLOT, B. *Relação com o saber, formação dos professores e globalização*: questões para a educação hoje. Porto Alegre: Artmed, 2005.

CHIAVENATO, I. *Gestão de pessoas*: o novo papel dos recursos humanos nas organizações. 2. ed. Rio de Janeiro: Campus, 1999.

COMISSÃO SOBRE GOVERNANÇA GLOBAL. *Nossa comunidade global*. Rio de Janeiro: Fundação Getulio Vargas, 1996.

CORRÊA, R. de A. *A construção social dos programas públicos de inclusão digital*. 168 f. Dissertação (Mestrado em Sociologia) – Universidade de Brasília, Brasília, 2007. Disponível em: <http://www.idbrasil.gov.br/docs_prog_gesac/artigos_entrevistas/file.2008-03-06.5116114031>. Acesso em: 18 jun. 2008.

CORSETTI, B. Reflexões sobre globalização, política educacional e a reforma do ensino no Brasil. In: ZARTH, P. A. et al. (Org.). *Ensino de história e educação*. Ijuí: Ed. da Unijuí, 2004. p. 63-79.

CORSETTI, B.; GARCIA, E. E. B. *O lugar da escola na vida dos jovens e o lugar dos jovens na vida da escola*. Disponível em: <http://sitemason.vanderbilt.edu/files/kAjHs4/Corsetti%20e%20Garcia.doc>. Acesso em: 22 jul. 2008.

CZERESNIA, D. The Concept of Health and Difference Between Prevencion and Promotion. *Cadernos de Saúde Pública*, Rio de Janeiro, v. 15, n. 4, p. 701-709, out./dez. 1999. Disponível em: <http://www.scielo.br/scielo.php?script=sci_abstract&pid=S0102-311X199900040000 4&lng=en&nrm=iso&tlng=pt>. Acesso em: 18 jul. 2008.

DAMICO, J. G. S. O cuidado com o corpo como estratégia de sujeitos generificados. *Movimento*, Porto Alegre, v. 13, n. 1, p. 93-117, jan./abr. 2007. Disponível em: <http://www.seer.ufrgs.br/index.php/Movimento/article/ewPDFInterstitial/2927/1561>. Acesso em: 21 jul. 2008.

DELORS, J. *Educação*: um tesouro a descobrir. São Paulo: Cortez, 2001.

DRUCKER, P. F. *Administrando em tempos de grandes mudanças*. São Paulo: Pioneira, 1995.

_____. *Sociedade pós-capitalista*. 6. ed. São Paulo: Pioneira, 1997.

ETZIONI, A. *Organizações modernas*. São Paulo: Pioneira, 1967.

FERNANDES, R. C. *Privado, porém público*: o terceiro setor na América Latina. Rio de Janeiro: Relume-Dumará, 1994.

FERNÁNDEZ, A. *Os idiomas do aprendente*: análises das modalidades ensinantes com famílias, escolas e meios de comunicação. Porto Alegre: Artmed, 2001.

FERREIRA, N. S. C. Diretrizes Curriculares para o curso de pedagogia no Brasil: a gestão da educação como *gérmen* da formação. *Educação & Sociedade*. Campinas, v. 27, n. 97, set./dez. 2006. Disponível em: <http://www.scielo.br/scielo.php?pid=S0101-73302006000400013&script=sci_arttext&tlng=es>. Acesso em: 17 jul. 2008.

_____. Gestão democrática da educação para uma formação humana: conceitos e possibilidades. *Em Aberto*, Brasília, v. 17, n. 72, p. 167-177, fev./jun. 2000. Disponível em: <http://emaberto.inep.gov.br/index.php/emaberto/article/view/1104/1004>. Acesso em: 18 jun. 2008.

FIORI, E. M. Prefácio. Aprender a dizer a sua palavra. In: FREIRE, P. *Pedagogia do oprimido*. 45. ed. Rio de Janeiro: Paz e Terra, 2005.

FISCHER, R. M.; FISCHER, A. L. O dilema das ONGs. In: ENCONTRO ANUAL DA ANPAD, 18., 1994, Curitiba. *Anais...* Curitiba: Anpad, 1994. v. 10, p. 17-25.

FÓRUNS EJA BRASIL. *GESAC – Telecentros*: pontos de presença em operação – 2006/2007. Disponível em: <http://forumeja.org.br/files/Gr%C3%A1ficos.doc>. Acesso em: 18 jun. 2008.

FRANCHINI, A. S.; SEGANFREDO, C. A. *As 100 melhores histórias da mitologia*: deuses, heróis, monstros e guerras da tradição greco-romana. Porto Alegre: L&PM, 2003.

FRANCO, M. A. *Pedagogia como ciência da educação*. Campinas: Papirus, 2003.

FREIRE, P. *Ação cultural para a liberdade e outros escritos*. 5. ed. Rio de Janeiro: Paz e Terra, 1981.

_____. *Pedagogia da autonomia*: saberes necessários à prática educativa. São Paulo: Paz e Terra, 1997.

_____. _____. 25. ed. São Paulo: Paz e Terra, 2002.

_____. *Pedagogia da indignação*: cartas pedagógicas e outros escritos. São Paulo: Ed. da Unesp, 2000.

_____. *Pedagogia do oprimido*. 45. ed. Rio de Janeiro: Paz e Terra, 2005.

FOUCAULT, M. *A ordem do discurso*. São Paulo: Edições Loyola, 1999.

_____. *As palavras e as coisas*: uma arqueologia das ciências humanas. São Paulo: M. Fontes, 2002.

_____. *História da sexualidade*: a vontade de saber. Rio de Janeiro: Graal, 1993. v. 1.

_____. *História da sexualidade*: o cuidado de si. Rio de Janeiro: Graal, 1985. v. 3.

GADOTTI, M. *Estado e educação popular*: educação de adultos em São Paulo. Disponível em: <http://www.paulofreire.org/Moacir_Gadotti/Artigos/Portugues/Educacao_Popular_e_EJA/Estado_educ_pop_1992.pdf>. Acesso em: 13 jul. 2007.

_____. *Perspectivas atuais da educação*. Porto Alegre: Artmed, 2000.

GASTALDO, D. É a educação em saúde saudável? Repensando a educação em saúde através do conceito de biopoder. *Revista Educação & Realidade*, v. 22, p. 147-168, 2002.

GATES, B. *A empresa na velocidade do pensamento*: com um sistema nervoso digital. São Paulo: Companhia das Letras, 1999.

GHIRALDELLI JUNIOR, P. *Didática e teorias educacionais*. Rio de Janeiro: DP&A, 2000.

_____. *O que é pedagogia*. São Paulo: Brasiliense, 2004.

GIDDENS, A. *O mundo em descontrole*. 3. ed. Rio de Janeiro: Record, 2003.

GOERGEN, P. *Espaço e tempo na escola*: constatações e expectativas. Disponível em: <http://www.cori.rei.unicamp.br/foruns/magis/evento5/Texto%20PEDRO.doc>. Acesso em: 20 jun. 2008.

GOHN, M. da G. *Educação não formal e cultura política*: impactos sobre o associativismo do terceiro setor. 2. ed. São Paulo: Cortez, 2001.

GRAMSCI, A. *Concepção dialética da história*. 2. ed. Rio de Janeiro: Civilização Brasileira, 1978.

HERBART, J. F. *Pedagogia geral*. Lisboa: Fundação Calouste Gulbenkian, 2003.

HERNÁNDEZ, F.; VENTURA, M. *A organização do currículo por projetos de trabalho*. Porto Alegre: Artes Médicas, 1998.

HOBSBAWM, E. *A era dos extremos*: o breve século XX – 1914-1991. São Paulo: Companhia das Letras, 1997.

HORA, D. L. da. *Gestão democrática da escola*: artes e ofícios da participação coletiva. Campinas: Papirus, 1994.

JOSSO, M. C. *Experiências de vida e formação*. São Paulo: Cortez, 2004.

KOSIK, K. *Dialética do concreto*. 3. ed. Rio de Janeiro: Paz e Terra, 1995.

KUENZER, A. Z. *Pedagogia da fábrica*: as relações de produção e a educação do trabalhador. São Paulo: Cortez, 1985.

KUENZER, A. Z.; RODRIGUES, M. de F. As Diretrizes Curriculares para o Curso de Pedagogia: uma expressão da epistemologia da prática. In: ENCONTRO NACIONAL DE DIDÁTICA E PRÁTICA DE ENSINO, 13., 2006, Recife. *Anais...* Recife: Endipe, 2006. p. 185-212.

LANDIM, L. *Para além do mercado e do Estado?* Filantropia e Cidadania no Brasil. Rio de Janeiro: Iser, 1993.

LAPASSADE, G. *Grupos, organizações e instituições*. 2. ed. Rio de Janeiro: F. Alves, 1983.

LESBAUPIN, I. (Org.). *O desmonte da nação*: balanço do governo FHC. Petrópolis: Vozes, 1999.

LIBÂNEO, J. C. *Didática*. São Paulo: Cortez, 1994.

_____. *Pedagogia e pedagogos para quê?* São Paulo: Cortez, 2002.

LOURAU, R. *A análise institucional*. Petrópolis: Vozes, 1975.

MÁLAGA, H. (Org.). *Promoción de la salud*: cómo construir vida saludable. Bogotá: Editorial Médica Panamericana, 2001.

MARQUES, L. R. Caminhos da democracia nas políticas de descentralização da gestão escolar. *Ensaio: Avaliação e Políticas Públicas em Educação*, Rio de Janeiro, v. 14, n. 53, out./dez. 2006. Disponível em: <http://www.scielo.br/scielo.php?script=sci_arttext&pid=S0104-40362006000400007&lng=em&nrm=iso&tlng=em>. Acesso em: 17 jul. 2008.

MARTÍ, J. *Educação em nossa América*: textos selecionados. Organização e apresentação de Danilo R. Streck. Ijuí: Ed. da Unijuí, 2007. (Fronteiras da Educação).

MARTINS, J. de S. *A sociedade vista do abismo*: novos estudos sobre exclusão, pobreza e classes sociais. Petrópolis: Vozes, 2002.

MARTINS, J. J. et al. A educação em saúde como suporte para a qualidade de vida de grupos da terceira idade. *Revista Eletrônica de Enfermagem*, v. 9, n. 2, p. 443-456, maio/ago. 2007. Disponível em: <http://www.fen.ufg.br/revista/v9/n2/v9n2a12.htm>. Acesso em: 18 jul. 2008.

MAURÍCIO, H. A. Educação em saúde como agente promotor de qualidade de vida para o idoso. *Ciência & Saúde*, Rio de Janeiro, n. 424, 2006. Disponível em: <http://www.abrasco.org.br/ciencia esaudecoletiva/artigos/artigo_int.php?id_artigo=423>. Acesso em: 18 jul. 2008.

MELO, A. A. S. de. *A mundialização da educação*: consolidação do projeto neoliberal na América Latina. Brasil e Venezuela. Maceió: Ed. da Ufal, 2004.

_____. *Educação e hegemonia no Brasil de hoje*. Maceió: Ed. da Ufal, 1998.

MELUCCI, A. *A invenção do presente*: movimentos sociais nas sociedades complexas. Petrópolis: Vozes, 2001.

_____. Experiência individual na sociedade planetária. *Revista Lua Nova*, São Paulo, n. 38, p. 199-221, 1996.

_____. Juventude, tempo e movimentos sociais. *Revista Brasileira de Educação*, São Paulo, n. 6, set./dez. 1997. Número Especial. Disponível em: <http://www.anped.org.br/rbe/rbedigital/RBDE05_6/RBDE05_6_03_ALBERTO_MELUCCI.pdf>. Acesso em: 21 jun. 2008.

_____. Movimentos sociais, renovação cultural e o papel do conhecimento: entrevista a Leonardo Avritzer e Timo Lyra. *Novos Estudos Ceprap*, São Paulo, n. 40, p. 152-166, 1994.

MENDES, V. *A participação na definição de uma política educacional*: as lições tiradas da Constituinte Escolar no RS. Disponível em: <http://www.anped.org.br/reunioes/29ra/trabalhos/trabalho/GT05-1915-Int.pdf>. Acesso em: 23 jul. 2008.

MENDONÇA, E. F. Estado patrimonial e gestão democrática do ensino público no Brasil. *Educação & Sociedade*, Campinas, v. 22, n. 75, p. 84-108, ago. 2001. Disponível em: <http://www.scielo.br/scielo.php?script=sci_pdf&pid=S0101-73302001000200007&lng=es&nrm=iso&tlng=pt>. Acesso em: 3 jul. 2008.

MENTES perigosas. Direção: John N. Smith. Produção: Jerry Bruckheimer e Don Simpson. Estados Unidos: Buena Vista International, 1995. 99 min.

MEYER, D. E. E. et al. "Você aprende. A gente ensina?" Interrogando relações entre alunos e a saúde desde a perspectiva da vulnerabilidade. *Cadernos de Saúde Pública*, Rio de Janeiro, v. 22, n. 6, jun. 2006. Disponível em: <http://www.scielo.br/scielo.php?script=sci_arttext&pid=S0102-311X2006000600022>. Acesso em: 18 jul. 2008.

MIZUKAMI, M. da G. N. *Ensino*: as abordagens do processo. São Paulo: EPU, 1986.

MONEZI, M. R. C. Atitude interdisciplinar na docência. *Revista de Cultura do Imae*, São Paulo, ano 3, v. 9, p. 56-60, jan./jun. 2003.

MORAIS, R. de. *O que é ensinar*. São Paulo: EPU, 1986.

MOSCOVICI, F. *Renascença organizacional*. 10. ed. Rio de Janeiro: J. Olympio, 2003.

MOUSQUER, M. L. E. *Paradoxos da democracia*: um estudo sobre normatividade e possibilidade no campo da gestão democrática do ensino público. Tese (Doutorado em Educação) – Universidade Federal do Rio Grande do Sul, Porto Alegre, 2003.

NOGUEIRA, R. dos S. *A importância do pedagogo na empresa.* Monografia (Graduação em Pedagogia com habilitação em Pedagogia Empresarial) – Universidade Veiga de Almeida, Rio de janeiro, 2005. Disponível em: <http://www.pedagogiaemfoco.pro.br/pemp03.htm>. Acesso em: 18 jun. 2008.

NÓVOA, A. Os professores e o "novo" espaço público da educação. In: ORTIZ, C. D. O.; RIBAS, M. A. C.; PAULO, M. (Org.). *Educação e sociedade*: perspectivas educacionais no século XXI. Santa Maria: Ed. da Unifra, 2006.

OLIVEIRA, D. L. L. C. de. A "nova" saúde pública e a promoção da saúde via educação: entre a tradição e a inovação. *Revista Latino-Americana de Enfermagem*, Ribeirão Preto, v. 13, n. 3, p. 423-431, 2005. Disponível em: <http://www.scielo.br/scielo.php?script=sci_issueto c&pid=0104-116920050003&lng=pt&nrm=iso>. Acesso em: 27 ago. 2008.

_____. *Brazilian Adolescent Women Talk About HIV/AIDS Risk Reconceptualizing Risk Sex*: What Implication for Health Promotion? London: Ed. University of London, 2001.

ORTEGA, F. *Amizade e estética da existência em Foucault.* Rio de Janeiro: Graal, 1999.

O SORRISO de Mona Lisa. Direção: Mike Newell. Produção: Elaine Goldsmith--Thomas, Paul Schiff e Deborah Schindler. Estados Unidos: Columbia Pictures, 2003. 125 min.

PAIM, J. S.; ALMEIDA FILHO, N. *A crise da saúde pública e a utopia da saúde coletiva.* Salvador: Casa da Qualidade, 2000.

PALMA, A.; ESTEVÃO, A.; BAGRICHEVSKY, M. Análise sobre os limites da interferência causal no contexto investigativo sobre o exercício físico e saúde. In: BAGRICHEVSKY, M.; PALMA, A.; ESTEVÃO, A. (Org.). *A saúde em debate na educação física.* Blumenau: Edibes, 2003. v. 1. p. 33-51.

PARO, V. H. *Administração escolar*: introdução crítica. 11. ed. São Paulo: Cortez, 2002.

_____. *Políticas públicas e educação básica.* São Paulo: Xamã, 2001.

PASSERINO, L. M.; MONTARDO, S. P. Inclusão social via acessibilidade digital: proposta de inclusão digital para pessoas com necessidades especiais. *E-compós*, Brasília, n. 8, 2007. Disponível em: <http://boston.braslink.com/compos. org.br/ecompos/adm/documentos/ecompos08_abril2007_passerino_montardo.pdf>. Acesso em: 18 jun. 2008.

PEDAGOGIA. In: HOUAISS, A.; VILLAR, M. de S. *Dicionário eletrônico Houaiss da língua portuguesa*: versão 1.0. Rio de Janeiro: Objetiva, 2001. 1 CD-ROM.

PERRENOUD, P. *Dez novas competências para ensinar*: convite à viagem. Porto Alegre: Artmed, 2000.

PIERCE, J.; NEWSTROM, J. *A estante do administrador*: uma coletânea de leituras obrigatórias. Porto Alegre: Bookman, 2002.

PIMENTA, S. G. (Org.). *Pedagogia e pedagogos*: caminhos e perspectivas. São Paulo: Cortez, 2001.

PIMENTA, S. G.; ANASTASIOU, L. das G. C. *Docência no ensino superior*: interfaces com diferentes saberes e lugares formativos. Rio de janeiro: DP&A, 2002.

RAICHELIS, R. Gestão pública e a questão social na grande cidade. *Lua Nova – Revista de Cultura e Política*, São Paulo, n. 69, p. 13-48, 2006. Disponível em: <http://www.scielo.br/scielo.php?script=sci_art text&pid=S0102-64452006000400003& lng=e&nrm=iso>. Acesso em: 17 jul. 2008.

RANGEL, A.; SANCHES, C. (Org.). *Gestão de telecentros comunitários.* Rio de Janeiro: Socid, 2006. Disponível em: <http://www.socid.org.br/files/apostila_gestao_1.1.pdf>. Acesso em: 18 jun. 2008.

RESTREPO, H. E. Antecedentes históricos de la promoción de la salud. In: RESTREPO, H. E.; MÁLAGA, H. (Org.). *Promoción de la salud*: cómo construir vida saludable. Bogotá: Editorial Médica Panamericana, 2001. p. 15-23.

RIOS, T. A. *Compreender e ensinar*: por uma docência da melhor qualidade. São Paulo: Cortez, 2001.

RODRIGUES, C.; TEIXEIRA, R. Tecnologias em processos de inclusão. *Inter-Ação*, Goiânia, 2007. Disponível em: <http://revistas.ufg.br/index.php/interacao/article/view/1259/1289>. Acesso em: mar. 2008.

ROVERE, M. Comentarios estimulados por la lectura del artículo "Educação permanente em saúde: desafio ambicioso e necessário". *Interface*, Botucatu, v. 9, n. 16, p. 169-171, set. 2004/fev. 2005. Disponível em: <http://www.scielo.br/scielo.php?script =sci_arttext&pid=S1414-3283200500 0100014&lng=en&nrm=iso>. Acesso em: 18 jun. 2008.

SACRISTÁN, J. G. *Educar e conviver na cultura global*: as exigências da cidadania. Porto Alegre: Artmed, 2002.

SANTOS, B. de S. Em defesa das políticas sociais. In: SEMINÁRIO BALANÇO E PERSPECTIVAS DAS POLÍTICAS SOCIAIS NO CENÁRIO MUNDIAL ATUAL, 1.; FÓRUM MUNDIAL, 2.; 2002, Porto Alegre. *Caderno Ideação*: políticas sociais para um novo mundo necessário e possível. Porto Alegre: cress, 2002.

_____. *Um discurso sobre as ciências.* 3. ed. São Paulo: Cortez, 2005.

SCHWARTZ, Y. Trabalho e saber. *Trabalho & Educação*, Belo Horizonte, v. 12, n. 1, jan./jun. 2003.

SHIROMA, E. O.; MORAES, M. C. M. de; EVANGELISTA, O. *Política educacional.* Rio de Janeiro: DP&A, 2004.

_____. *Política educacional*: o que você precisa saber sobre. 2. ed. Rio de Janeiro: DP&A, 2002.

SILVA, L. B. e. Gestão escolar e democracia. *Revista Espaço da Sophia*, Tomazina, Paraná, ano 1, n. 6, set. 2007. Disponível em: <http://www.espacodasophia.com.br/edicoes_anteriores/09-07/colaboradores/lidia/lidia.pdf>. Acesso em: 3 jul. 2008.

SILVA, T. T. da. A política e a epistemologia do corpo normalizado. *Revista Espaço Informativo técnico do INES*, Rio de Janeiro, n. 8, p. 3-15, dez. 1997.

_____. *O sujeito da educação*: estudos foucaultianos. Petrópolis: Vozes, 1994.

SILVA FILHO, A. M. da. Os três pilares da inclusão digital. *Revista Espaço Acadêmico*, ano 3, n. 24, maio 2003. Disponível em: <http://www.espacoacademico.com.br/024/24amsf.htm>. Acesso em: 18 jun. 2008.

SILVA JÚNIOR, J. dos R. Qualidade total em educação: ideologia administrativa e impossibilidade teórica. *Educação e Realidade*, Porto Alegre, v. 20, n. 1, p. 203-228, jan./jun. 1995.

STOLZMANN, M. M.; RICKES, S. M. Do dom de transmitir à transmissão de um dom. *Revista da Associação Psicanalítica de Porto Alegre*, Porto Alegre, n. 16, p. 39-51, 1995. Disponível em: <http://www.appoa.com.br/download/revista16.pdf>. Acesso em: 21 jul. 2008.

TEMPOS modernos. Direção e produção: Charles Chaplin. Estados Unidos: United Artists, 1936. 87 min.

TOFFLER, A. *A terceira onda*. 7. ed. Rio de Janeiro: Record, 1980.

TROUSSON, R. Prometeu. In: BRUNEL, P. *Dicionário de mitos literários*. 3. ed. Rio de Janeiro: J. Olympio, 2000.

UESB – Universidade Estadual do Sudoeste da Bahia. Pró-reitoria de Graduação. Colegiado do Curso de Pedagogia. *Caderno de Pedagogia I*: reforma curricular do curso de Pedagogia – proposta para debate inicial. Vitória da Conquista, 2006. Disponível em: <http://www.uesb.br/eventos/ivsemped/reforma/Reforma%20Curricular.doc>. Acesso em: 18 jun. 2008.

UNIDAVI – Universidade para o Desenvolvimento do Alto Vale do Itajaí. *Projeto pedagógico institucional*. Rio do Sul: Unidavi, 2006. Disponível em: <http://www.unidavi.rct-sc.br/?pagina=FILE&id=24072>. Acesso em: 17 jul. 2008.

VASCONCELLOS, C. dos S. *Coordenação do trabalho pedagógico*: do projeto político-pedagógico ao cotidiano escolar. São Paulo: Libertad, 2002.

_____. *Construção do conhecimento em sala de aula*. São Paulo: Libertad, 2002.

VEIGA, I. P. A. (Coord.). *Repensando a didática*. Campinas: Papirus, 1991.

VIZZOTTO, A. A. et al. *Escola, comunidade, projeto político-pedagógico e autonomia*: reflexões sobre a realidade escolar. Disponível em: <http://www.unifev.com.br/canais/graduacao/turismo/informacoes.php?inf=268>. Acesso em: 22 jul. 2008.

VOLPI, D.; RAUSCH, R. B. A Pedagogia frente a novos contextos e desafios. *Atos de Pesquisa em Educação*, Blumenau, Santa Catarina, v. 2, n. 1, p. 145-160, jan./abr. 2007. Disponível em: <http://proxy.furb.br/ojs/index.php/atosdepesquisa/article/viewFile/162/124>. Acesso em: 18 jun. 2008.

WAISELFISZ, J. J. *Lápis, borracha e teclado*: tecnologia da informação na educação – Brasil e América Latina. Disponível em: <http://www.ritla.net/index.php?option=com_docman&task=doc_download&gid=83>. Acesso em: 18 jun. 2008.

YASBEK, A. *Espiritualidade e filosofia*: da antiguidade à modernidade filosófica segundo Michel Foucault. Disponível em: <http://www.eca.usp.br/njr/catedra/reflexoes.htm>. Acesso em: 21 jul. 2008.

ZABALA, A. (Org.). *A prática educativa*: como ensinar. Porto Alegre: Artes Médicas, 1998.

Os papéis utilizados neste livro, certificados por instituições ambientais competentes, são recicláveis, provenientes de fontes renováveis e, portanto, um meio responsável e natural de informação e conhecimento.

FSC
www.fsc.org
MISTO
Papel produzido a partir de fontes responsáveis
FSC® C103535

Impressão: Reproset
Novembro/2021